JN149284

ビジネスを成長させる出版入門

水野俊哉

はじめに

私が「借金3億円」から「売り上げ3億円」へと人生を大逆転できた秘密

はじめまして、水野俊哉と申します。

「売り上げが伸び悩んでいる」

「もっと売り上げを伸ばしたい」

世の中の企業の方や、個人事業主の方々のほとんどが、そうしたお悩みを持ちだと思います。

一方で、売り上げが伸び続けている企業や個人事業主の方も多くいらっしゃいます。

その違いはいったい何でしょうか？

それは「正しいマーケティングで戦略を立てているか」。これに尽きます。つまり、売り上げが伸び悩んでいる方々は、マーケティングがきちんとできていないことが多いのです。

売り上げを伸ばしたいからといって、手当たり次第に施策を打っていても、なかなか収益は上がりません。マーケティングといっても、ただ市場調査をして戦略を立てればいい、というものではないのです。

もし、あなたが今そのような状況に陥っているのだとしたら……すぐに戦略を変える必要があります。

実は、売り上げが飛躍的にアップする、あるマーケティング手法があるのです。

キーワードは「出版」です。

＊　＊　＊

ここで、ちょっと自己紹介をさせてください。

はじめに

私はこれまでに24冊の本を出し、累計40万部を突破しているビジネス書作家です。

ただし、最初から作家だったわけではありません。もともとはベンチャー起業した経営者でした。

ところが、このベンチャー企業が、上場の一歩手前まで到達しつつも、急激に業績が悪化。取締役を解任された上、3億円の負債を抱えることになってしまいます。

まさに、天国から地獄。当時の苦しさは、今でもありありと思い出すことができます。

そんな私が、絶望の淵から這い上がるきっかけとなったのが、「出版」でした。

経営コンサルタントとして活動する傍ら出版した本がきっかけで、売り上げを3～5億円まで飛躍的に伸ばすことができたのです。

現在は作家業はもちろんのこと、その経験を活かして、出版したい方向けの塾や、コンサルティング、プロデュースも行い、さらには自ら出版社を3社立ち上げています。

ちなみに、出版して3～5億円というと、印税をイメージするかもしれませんが、この売り上げは印税ではありません。ちょっとイメージが湧きにくいかもしれませんが、出版をきっかけに売り上げを上げる方法は、ほかにもあるのです。

それが、この本のテーマでもある「出版マーケティング」です。

私自身が（そして多くの塾生たちが）身をもってその効果を実感したからこそ、「この手法を他の人にも伝えて、私と同じように売り上げをアップする人が増えてほしい」と思い、長年かけて培ってきたノウハウをこの一冊にまとめました。

＊　＊　＊

「そうは言っても、無名の自分に出版なんて、できるわけない」

「水野さんだからできるのでは？」

そんな風に思う人もいるでしょう。しかし、出版が初めてであっても、無名であっても本は出せます。

私だって、最初の一冊を出した時は無名でした。今は誰でも出版を叶えられるチャ

ンスがあるのです。

もちろん、ただ単に出版すればいいというわけではありません。出版で自分の売り上げをアップさせるためには、ちょっとしたコツがあります。この本では、そのコツをたっぷり紹介しています。

この本を読み終わる頃には、皆さんが出版して売り上げがアップできると確信を持てていることでしょう。

ぜひ、ご自身の目で、その秘密を覗いてみてください。

水野　俊哉

2018年12月

第1章

あなたのビジネスが劇的に変わる「出版マーケティング」

第2章

本を出す前に「ゴールセッティング」をしておこう

第3章 まずは出版社に「企画」を通そう

もくじ

第4章

売れる本の「まえがき」「目次」全パターン

第5章

売れる本の「本文」全パターン

第6章 本は作った後の「プロモーション」が勝負

出版後、人生はこう変えろ

第1章

あなたのビジネスが劇的に変わる「出版マーケティング」

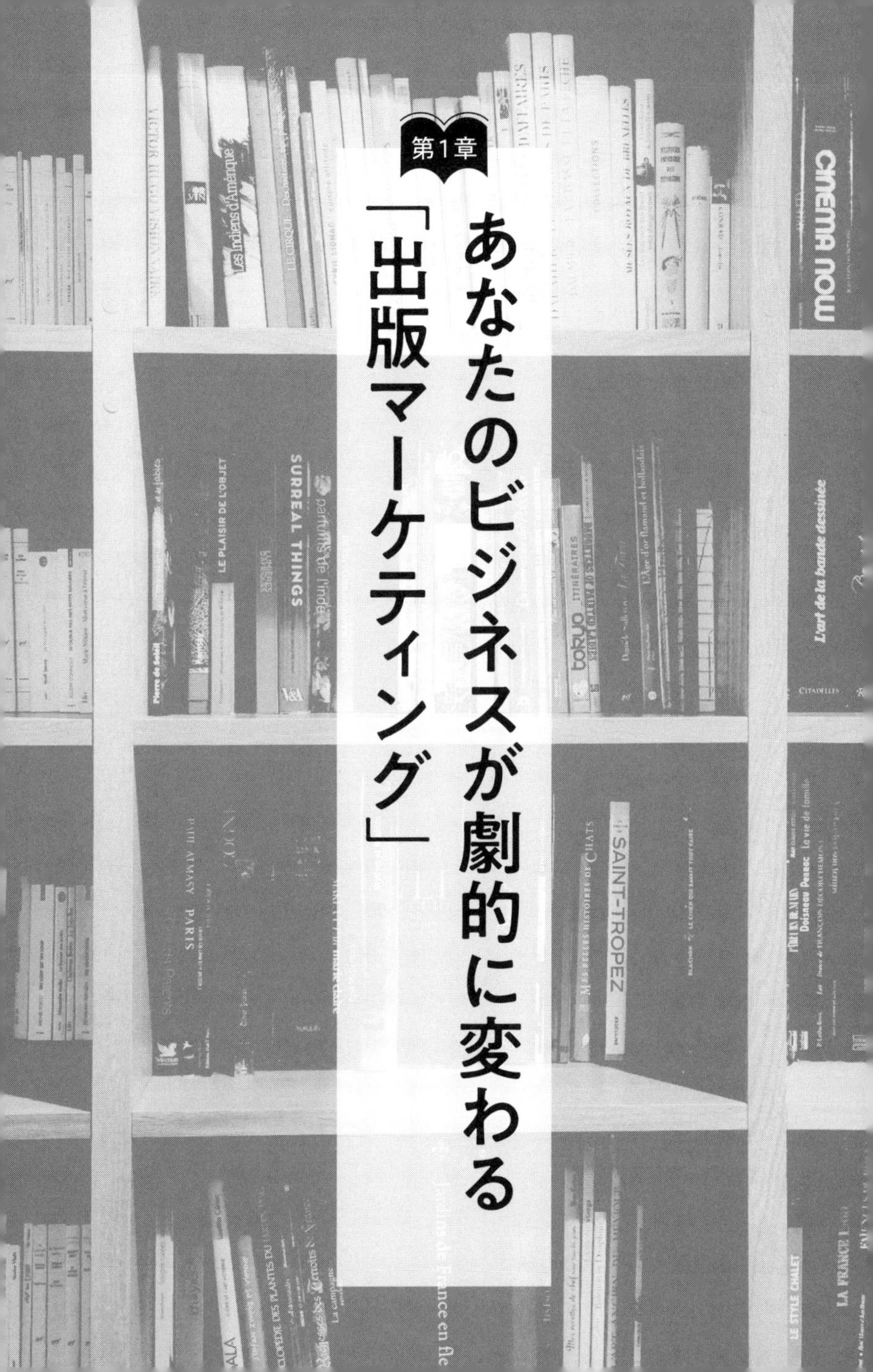

出版でビジネスが変わるってどういうこと？

本を出したことで成功のチャンスをつかんだ人は多い

「なんだか最近売り上げが頭打ちになってしまっている」

「ビジネスで閉塞感を感じる。何か画期的な打開策はないものか」

「何か新しいビジネス展開を考えたい」

「有名になって世間をあっと言わせたい」

そんな時、もしもあなたが１冊の本を出したなら、その悩みをきれいさっぱり消してくれるかもしれません。

今、テレビで活躍する有名人や、成功している起業家たちの中には、１冊の本を出したことで、人生が大きく変わり、成功のチャンスをつかんだ人も多いのです。

私自身も、その一人です。

一般人でも本を出すことは可能

そもそも「本を出す」という行為について、あなたはどのようなイメージを抱いているでしょうか?

私が問いかけると、多くの人はこう答えます。

「文章力や構成力がある人ではないと、本は出せないのでは?」

「何か有名な賞などを取ったり、何かを成し遂げた有名人にならないと、出版社から突き返されてしまうのでは?」

つまり「自分の名前で本を出版する」ことはとても難しいこと、ハードルの高いことだと考えてしまっているのです。

でも、一般人で何も実績がない人だったとしても、実は努力さえすれば本を出すことは可能です。

この本の中では、1冊の本を出すことで、あなたのビジネスや人生にどのようなメリットがあるのか、また、売れる本を出すためにはどういう手順を踏めばいいのかについて解説していきたいと思います。

そもそもマーケティングって必要？

売り上げを劇的に伸ばすためにはマーケティングを駆使するべし

この本は、会社経営者から個人事業主まで、幅広い層の方にご覧いただいていると思います。会社経営者であっても、フリーランスとして働いている人であっても、「売り上げを伸ばし続けたい」と、誰もが考えるのではないでしょうか。肩書はどうであれ、「売り上げを上げたい」という気持ちは誰にでもありますよね。

しかし、とにかく「自分の商品の売り上げを上げたい！」と躍起になり、マーケティングを疎かにしていませんか？

もちろん、売り上げを伸ばすために手をつくしたいというお気持ちはよくわかります。しかし、「売り上げを上げたい」とおっしゃる方たちに限って、マーケティングをしっかりと行わずに、やみくもに自分の商品を販売しようとしている方が多いものです。「やれることは全部やっていこう」と片っ端から手に付ける人が多いのが現状です。

場合によっては、その方が売り上げを伸ばせることもあるかもしれませんが、それでは非効率な場合もあります。今よりも効率良く売り上げを上げるために、マーケティングを行った上で、商品を販売する必要があるのです。

効果的なマーケティング手法は時代と共に変わっている

とはいえ、ただ単にマーケティングをして戦略を立てれば良い、というものではありません。巷でよく言われているマーケティング手法では、今は戦えない時代となっています。

例えば、アンチエイジング化粧品「ドモホルンリンクル」を製造・販売している再春館製薬所のＣＭを例に挙げてみたいと思います。昔からテレビＣＭが流れているので、ご存知な方も多いでしょう。

再春館製薬所は、昭和50年代から商品を販売している老舗の化粧品会社ですが、早い段階からダイレクトマーケティング（小売店などの仲介業者を挟まずに、ターゲットとなる消費者と、直接コミュニケーションを図り商品を販売すること）を手掛け、売り上げを順調に伸ばしています。

しかし、ずっと同じことを繰り返しているわけではありません。近年は、アンチエイジング化粧品の市場も成熟期となり、大手化粧品会社や、アンチエイジング化粧品に特化した企業の参入が増えてきました。そこで、再春館製薬所のＣＭも、消費者からの失敗談やクレームなどを公開するという手法に変わっています。そうすることで、消費者からの共感や信頼を得て、商品の購入に繋げる戦略を取っているのです。

このように、時代に合わせたマーケティング手法を駆使することで、今まで商品を販売した方法とは違った突破口で成功する可能性が見えてくるのです。

従来のマーケティング手法ではダメ？

今までのマーケティングは通用しなくなってきている

一概に「マーケティング」と言っても、「何から始めればいいのか」「マーケティングってどんな手法があるのか？」と疑問に思う方もいらっしゃいますよね。まずは基本的な話になりますが、皆さんとマーケティングの定義の摺り合わせをしていきたいと思います。

そもそもマーケティングとは、「商品が大量に、かつ効率的に売れるようにするための、市場調査や制作、販売、宣伝といった、一連の企業活動（販売戦略）」を指します。

実は、マーケティングは90年代後半から難しくなってきたと言われています。とはいっても90年代後半というと20年ほど前の話になりますので、「そんな前からマーケティングが難しくなっているのであれば、自分が市場で戦うなんて難しいんじゃゃ……」と思うかもしれませんが、今の時代に合った戦略方法をこの後お話していますので、もう少し待っていてください。

実は90年代後半から、マスメディアでの広告手法は変わりつつあります。この20年もの間に、インターネットが急速に普及し、今はＳＮＳやＹｏｕＴｕｂｅを始め、テレビ以外のメディアが多く登場しています。インターネットビジネスで起業し、大きく売り上げを上げている人も多いです。皆さんもそういった方々の話を、耳にしたことがあるのではないでしょうか。

多額の広告費をかけても売り上げはアップしない

商品の売り上げを伸ばすためには、自社の商品をターゲットに認知させせることはとても重要です。
例えば、主な商品の認知手法として以下の3つが挙げられます。

①テレビCM
②雑誌広告
③インターネット広告

ご存知の方も多いと思いますが、自社の商品を認知させる方法はテレビCMや雑誌の広告、インターネット広告など多岐にわたります。私たちが普段目にするウェブサイトなどでも、記事中に広告が貼られていることが多々ありますね。

大企業ともなると、広告費に数百万〜数千万円、場合によっては億単位の金額をかけているケースも珍しくありません。しかし、これほど広告を出稿している企業でも、売り上げの伸びに頭を悩ませています。多額の広告費をかければかけるほど、消費者の目に止まり売り上げがアップしそうですが、そう簡単にはいかないのです。

それには理由があります。

4 なぜこれまでのマーケティング手法が通用しなくなった？

消費者の購買行動が変化している

これまでは、有名芸能人や人気女優を起用して広告を出稿すれば、ものが売れるという時代でした。しかし、ここ最近では企業が数百万〜数千万単位の広告を出稿したとしても、ものが売れなくなってしまっています。

どうしてこのようなことが起こっているのでしょうか？

これには「消費者の購買行動が変化している」ということが理由に挙げられます。

例えば、あなたがノートＰＣを購入するとしましょう。そこでテレビを点けたら、たまたま、あなたがちょうど「欲しいなあ」と思っていたタイプのノートＰＣのＣＭ

が放送されていました。持ち運びしやすく、業界でも最軽量のＰＣ。デザインも良いです。仮に、あなたは「このＰＣ、いいなあ」と思ったとします。

さて、ここで皆さんに質問です。

この新作のノートＰＣを販売している、とある企業のテレビＣＭだけを見て「よし、このＰＣを買おう」と購入を即決できそうですか？

おそらく、そのＣＭを見ただけでは、ＰＣの購入を即決しない方がほとんどだと思います。ノートＰＣともなれば値段はピンキリですが、比較的大きな買い物になりますので、広告を見ただけで即決する方はほとんどいないですよね。おそらく、「できるだけ長く使いたい」「外出先でも使うから、バッテリーの持ちがいいＰＣがいいなあ」「容量はどれくらいだろう」など、購入するまでにＰＣの使いやすさや機能を、徹底的にネットで検索して、口コミなどを調べてから購入するはずです。

広告を見ただけでは消費者は即決しない

このように、広告を出しただけでは消費者は即決してくれません。商品を消費者に認知することはできますが、商品を購入するまで、消費者は慎重になって商品について詳しく調べ、納得した上で購入するのです。

こう考えてみると、今やマーケティングが難しくなってきているということをおわかりいただけたのではないでしょうか。

ここで「大企業がマーケティングに苦戦していて、個人で戦うのは難しそう」と思うかもしれませんが、落胆するのはまだ早いです。マーケティングが難しいとはいっても、「売り上げを伸ばしたい」という気持ちは変わらないですよね。それに色々手をつくして自分の商品を販売してきたのに、ここで終わらせるのはとてももったいないです。

それに、広告で売り上げを上げるのが難しいとはいえ、売り上げを上げるには、まず世間に自分の商品を認知させる必要があります。ですが、そのための費用はできるだけ抑えたいというのが、皆さんの本音ではないでしょうか。

5 広告費をかけずに売り上げを伸ばすことはできない？

目指すは広告費ゼロ円で売り上げを今の10倍に増やすこと

売り上げを伸ばすためには、商品を世間に認知させることは必要不可欠です。

とはいえ、「大企業じゃあるまいし、広告費に何百万円も出せないんだけど……」という方がほとんどだと思います。確かに大企業とは違って中小企業や個人事業主であれば、多額の広告費をかけることは難しいですよね。そんなに広告費にお金をかけていたら、採算が合わなくなってしまいます。「広告費をかけるなんて、そんな贅沢はできない。広告を出す以外に、もっといい方法はないのか？」と考える人が多いはずです。

いえいえ、ちょっと待ってください。

「なるべく広告費をかけずに、それでも大きな売り上げを出したい」と考えることは、贅沢なことなのでしょうか？

結論から言うと、これはまったく贅沢なことではありません。

実際に広告費をかけずに売り上げを伸ばしたという方もたくさんいらっしゃいますし、先ほどもお話したように、正しいマーケティングを用いて戦略を立てれば、少ない費用で大きな効果を生み出すことは十分できます。

答えは「出版マーケティング」だ

では、その「広告費ゼロ円で、売り上げを今よりも10倍増やすマーケティング」とはいったい何なのかと言うと、冒頭でもお話をした「出版マーケティング」です。

出版マーケティングと言うと難しく聞こえるかもしれませんが、そんなことはありません。要するに、その言葉通り「本を出版することで認知させ、売り上げを伸ばす」

というマーケティング手法です。

「でも、本を出版するにもお金がかかるのでは？」と思う人も多いと思います。確かに、出版にはお金がかかりますが、出版する本のページ数や造本の状態、出版部数によっても変わります。そう考えると「広告費ゼロは難しいのでは？」と考えるかもしれませんが、そのようなことはありません。実質、本の製作費はかかりますが、出版した後は売り上げが倍増します。本の製作費の元が取れるほどの売り上げを確保することができるのです。

そのためには自分の看板となるような、専門性のある本を出版することが大切です。

「本を出版すること」がマーケティングの一種になるなんて、なんだか意外に思うかもしれませんね。書店で売られている書籍でよく売れているものは、大企業の経営者や有名な作家の方が多いこともあり、「無名の自分が、本なんて作って売れるの？」と心配する人も多いでしょう。実際にはたとえ著名人でなくても、本を出版して売り上げをアップさせることは可能なのです。

6 なぜ出版マーケティングが優れている？

紙の本が売れない時代ですが……

先ほどもお話したように、今の時代、ウェブサイトや動画など、多種多様なメディアであふれています。最近はiPhoneやiPad、ＰＣなどで手軽に本を読める時代になってきました。

そういったこともあり、今は紙の書籍や雑誌の売れ行きが悪くなっていると言われていますね。最近では休刊に追い込まれる雑誌も少なくありません。

しかし、そんな中でも、紙の書籍を使った出版マーケティングというのは、ウェブサイトや動画よりも実は優れた点が多くあります。「紙の本が売れなくなってきてい

るのに、本で自分の商品を認知させることなんてできるの?」と思うかもしれません
が、実は出版マーケティングは、皆さんが思った以上に優れた性質を持っています。

出版マーケティングが優れている3つの理由

ここで、出版マーケティングが優れている理由を3つ、お話していきたいと思います。

①信用度が高い
②有名になり、講演会や取材のオファーがある
③バックエンド商品が売れる

①信用度が高い

これまでに、ビジネス書や自己啓発本など、教材となるような本を購入したことのある方は多いと思います。本を購入した際、「この人からもっと学んでみたい」と思っ

た経験はありませんでしたか？

基本的に本を購入した読者からは、著者は「先生」と見られます。日本では戦後からそのような傾向があり、読者にとって、本を出版した人に対する信頼は厚いです。

今の時代、文章なんてウェブサイトでもたくさん見かけますし、学べる内容も多いです。しかし、不思議なもので、紙の本というのは「もの」ということもあり、インターネット上に比べると著者に対する信頼度が高くなります。

特にそれは地方に住んでいる読者に顕著に表れますね。都内であれば本を出している方に会える可能性は高いですが（出版記念イベントなどへ足を運びやすいため）、地方に行くと「この人はすごい」と思ってくれるケースがほとんどです。

つまりウェブサイトでは得られない「信頼」を、紙の本では獲得できるのです。

②有名になり、講演会や取材のオファーがある

本を出版することで、自分の名前が世間に広まり、講演会やセミナーの講師、取材

のオファーがくることもあります。

例えば、あなたが飲食業界に関連する本を出版し、世間に名が知れ渡るほど有名になったとしましょう。この場合、飲食業界に関連したテレビ番組の企画があった際、専門知識のあるコメンテーターとして呼ばれることもあります。

実際に、私の知人で物流に関する本を出版された方がいます。物流業界と言えばニッチなジャンルではありますが、その方は物流業界で働いていた経験があり、その上、文章を書くことが好きということで、出版をすることにしたそうです。

その知人は、出版がきっかけで地方のキー局の番組にコメンテーターとして出演したり、同じ物流業界の企業（他社）の部長さんから講演会の講師のオファー（なんと講演の報酬額が１００万円）があったりしたと言います。

ここで、「物流の本なんて売れるの?」と疑問に思っている人も多いですよね。正直なところ、その物流の本はそこまで売れませんでした。本の値段自体は１５００円くらいで、印税も10％ほどですので、本のセールスで儲かっているわけではありません。

しかし、その方は本の出版がきっかけで、仕事のオファーがあり、総額で4000万円もの儲けがあったそうです。本の出版と言えば印税で稼ぐイメージがあるかもしれませんが、たとえ本があまり売れていなかったとしても、著者自身は儲けていることが多いのです。これってすごいことだと思いませんか？

ちなみに私の著書で『「ビジネス書」のトリセツ』（徳間書店）という本がありますが、こちらも、セールス自体は約３万部だったものの、本の売り上げ以外で収益を得ることができました。本を出版してから毎月出版記念セミナーを行い、一人１万円のセミナーだったのですが、毎回30人もの方が出席してくださったのです。つまり、このセミナーでの売り上げだけで、月に30万円（１万円／人×30人）。１日セミナーをやるだけで、会社員の月給くらいの金額を稼げたことになります。

その後もセミナーは大変好評を頂き、出版塾や出版コンサルを始めるなど、売り上げは順調に伸びまして、今では出版社を立ち上げています。

このように、紙の本を出版すると、たとえ印税は少なくとも、それを起点に自身の売り上げが飛躍的にアップすることもあるのです（ただし、どのジャンルの本でもセミナーに繋がるとも限りませんから、セミナーに繋がる本を作ることが大切です）。

③バックエンド商品が売れる

すでに企業や個人事業主の方で、自分の商品を持っている方であれば、本を出版した後にバックエンド商品で売り上げを作れる可能性も十分あります。

ただし、その場合は本のターゲットを絞る必要があります。例えば個人ではなく企業をターゲットにした「法人営業の教科書」などです。こういった内容の本は、一般受けはしませんが、企業をターゲットにすることで企業研修などのバックエンド商品が売れることもあります。

もちろん、自分の本を出版したからといって、すぐに何十万人、何百人に届くわけではありません。ウェブサイトであれば、ある記事が一気に全国に拡散された……なんで話もあるので、ウェブサイトに比べれば拡散力はないとも言えるでしょう。

とはいえ、基本的に自分が出版した本は全国で販売されます。中には自分の本を置いていない書店もあるでしょうから、決して効率が良いとは言えませんが、その本をターゲットとなる読者が購入してくれれば、出版した価値は十分あります。

例えば、あなたが出版をしたとして、あなたの本を読んでくれた読者Aさん、本を読んでいないBさんでは、初対面の反応がまったく異なると思います。

7 有名人は、なぜ本を出し続ける？

ホリエモンは出版マーケティングの第一人者

では、実際に出版マーケティングを使って、ビジネスを拡大させている人たちにはどんな人がいるのでしょうか？

代表例としては、以下のような方が挙げられます。

・堀江貴文氏

ライブドア元社長として知られるホリエモンこと、堀江貴文氏。彼は書籍を出す前から有名人ではありましたが、現代における出版マーケティングの第一人者と言えるかもしれません。

ライブドア時代、テレビをはじめとするメディアに出演し、タレント的な印象が強い堀江氏ですが、今では多数のビジネスを手掛けています。

例えば、彼が自身で運営するオンラインサロン・堀江貴文イノベーション大学校を運営し、現在セミナー会員は２０００人以上と言われています。

また、１万７０００人以上の会員数を抱える有料メルマガの配信。さらに、サバイバルゲームの主催や語学セミナー、グルメ関係のイベント開催も多い上、宇宙事業など様々なビジネス展開も行っています。

そんな多忙を極める堀江氏ですが、１か月に１冊以上のペースで書籍も出版しています。そんなハイペースで出し続ける中、『ゼロ』『多動力』『本音で生きる』など数十万部越えのヒット作も多いです。

・Daigo氏

メンタリストという肩書で、テレビや雑誌などでおなじみのDaigo氏も、多数のビジネス書籍を持つ作家の一人です。

彼は日本にはまだなじみのなかった心理学・メンタリズムの専門家として、読唇術や心理術、自己啓発などに、ビジネスや恋愛などを絡めた分野で、たくさんの著作を残しています。心理学を応用して企業コラボやコンサルタント的な業務も行っているなど、その活動は幅広きにわたります。

動画配信やメルマガにも積極的ですが、彼も1～2か月に1冊近いペースで書籍を出し続けています。

売れっ子になった後でも本を出し続ける意味がある

なぜ、すでに売れっ子の彼らが、本を出し続けるのか？

一つには、人気作家である彼らが本を出せば、何万部もの本が売れるので、1冊出すごとにまとまった収益が上げられることがあります。

ただそれ以上に、先ほど挙げた3つのメリットに寄与している部分も多いはずです。

すでに有名人ではあるものの、本を出すことで、世間認知度がアップします。

また、本を出し続けることで、社会的な信頼性が高まり、それがその人のブランド力になります。

さらに、本を通して、自分自身がどういう人間なのか、どういう分野に秀でているのか、現在どういうことをしているのかを伝えることで、自分のファンを増やすことができます。実際に、彼らの本を読んだ人から、講演の仕事が舞い込んだり、メルマガ会員が増やすことにも貢献したりする部分も多いのではないでしょうか。

もちろん彼らのような売れっ子作家になるには、「元ライブドア社長」「日本で唯一のメンタリスト」などの強力な肩書や、運や努力も必要になります。でも、こうした有名人たちも、実は出版マーケティングを利用し、自分自身のビジネスを拡大しているということを、ぜひ覚えておいてください。

8 素人が本当に出版できる？

出版社のニーズを満たせば、誰でも企画が通るチャンスはある

ここまで「出版マーケティングが売り上げアップに繋がる」というお話をしましたが、「早くその方法を知りたい！」と興味を持った方がほとんどなのではないでしょうか。

もちろん、出版マーケティングで売り上げが伸びる知識やノウハウをこれからお教えしますが、その前に、まずは出版マーケティングの全体像を把握しましょう。

当然のことながら、本を出版するには、まず出版社に本の企画を通す必要があります。本の企画を出版社へ持ち込むという話をすると、「そんな本を出したことのない素人が、出版社に企画を出して通るものなの？」と思うかもしれないですね。確かに、駆け出しの作家さんのようにボツを連発されるイメージがあるかもしれません。

しかし、実は今の時代、たとえ素人であっても、出版社にアイデア（本の企画）が通るチャンスは十分にあります。

ここで大事なことは、「出版社や編集者が、著者に対して何を求められているか」を把握することです。書きたい本の内容はあったとしても、ただ自分の希望だけで企画を持ち込むだけでは、本の企画は通りません。出版社側が求める企画や著者像を知ることが大切です。

また、もちろん本を出版したら終わり、ということではありません。自分の本を置いてくれる書店に対しても、「何をしたら売れるのか」ということを知った上で、自分の本を作り上げる必要があるのです。

次章以降では、いよいよそうした具体的なノウハウについても触れていきましょう。

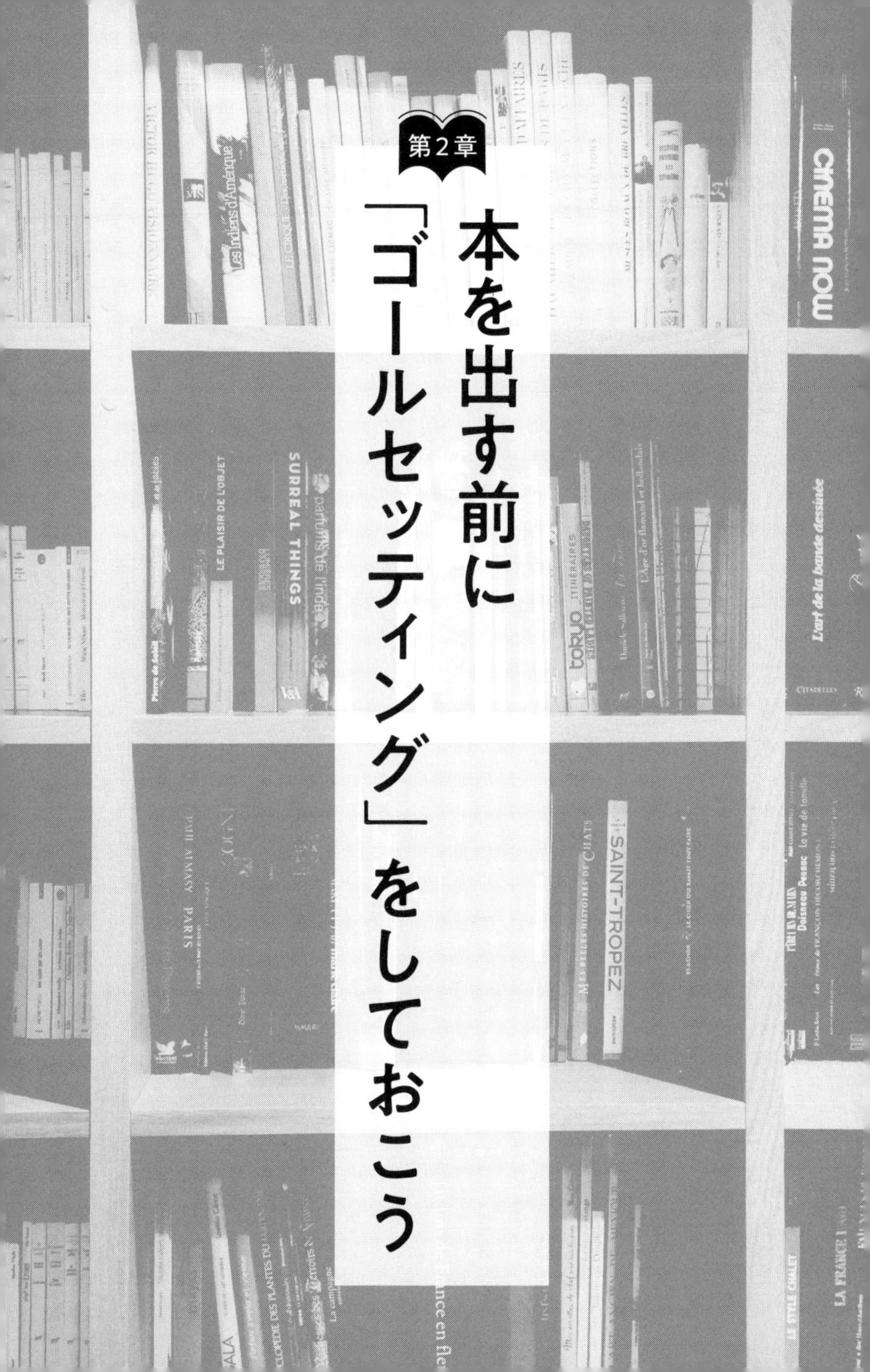

第2章 本を出す前に「ゴールセッティング」をしておこう

1 「本を出したい！」と思ったら、最初に何をすべき？

まずは「出版後の自分の姿」を思い描くことが大切

何の出版経験がない人でも本を出すチャンスがある。

ならば、「出版してみたい」と思った場合、どんなアクションを取ればいいのでしょうか？

まず、最初に「本を出版して、自分自身の売り上げを増やしたい」「自分自身のブランド力を上げていきたい」と思う上で、一番大切なこと。

それは、「出版すること自体を目的にはしない」ということです。

多くの人は「本を出した」という満足感だけで終わってしまいがちですが、大切なのは「その本を通じて、どんなことを自分が成し遂げたいのか」「自分はどういう人間になりたいのか」を突き詰めることです。

あなたは今、なぜ「本を出版したい」と思うのでしょうか?

もちろん本を出してみるまでは、まだまだどんな世界が広がっているかはわからないという人が多いでしょう。

でも、まず最初にやっていただきたいことは「出版後の自分の姿」を思い描くことです。この行為を、私自身は「ゴールセッティング」と呼んでいます。

ゴールからズレた出版では意味がない

第1章でも少し触れましたが、例えば、本を出版した後はこのような効果があります。

- 売り上げがアップする
- 講演や取材依頼が舞い込む

・出版した本が、そのまま顧客の教材になる
・自身のブランディングに繋がる
・何かの専門家になれる

ただ、これらの効果を見込むためには、事前に自分に適したターゲット層や、自分がどういうブランド力を確立したいのかを明確にしておく必要があります。

極端な話かもしれませんが、ビジネスマン向けの会話術の専門家になりたいのに、主婦向けの料理本を出しても、何も意味がありません。

自分の得意分野や、長く続けてもいやだと思わない仕事を選ぶこと。

それが成功のカギになります。

2 具体的にどんなゴールの例がある？

本を出して人生が変わった5人の事例を参考に

では、実際に本を出して人生が変わったという人には、どんな人がいるのでしょうか。
私が運営する出版セミナー「水野塾」で出会った人たちをご紹介します。

①ビジネス書出版をきっかけに活動を広げ、ホスト以外の収入を得られるように――歌舞伎町ナンバー1ホスト・信長さん

まず1人目は、歌舞伎町のナンバー1ホストとして知られている「信長さん」をご紹介します。信長さんは、実は私が出版プロデュースを手掛けていた方になります。

歌舞伎町のホストクラブ「Club Romance」の代表取締役であり、ホストとしての実力が折り紙つきであるだけでなく、ビジネス面でも幅広く活躍されている方です。そんな信長さんも、売れっ子ホストではあるものの、出版前は職業柄、社会的に誤解を受けることが多かったそうです。

しかし、２０１４年に『歌舞伎町トップホストが教えるシャンパンタワー交渉術』（講談社）を出版後、まず、本業のホスト業でいろんなお客さんが増え、全国からわざわざ信長さんに会いに来るお客さんが急増しました。

そして、何よりも大きかったのが、歌舞伎町のホストであった彼が、出版をきっかけに世間に名を知られるようになり、本業であるホスト以外にも収益を得られるようになったこと。国内外問わずテレビ番組や雑誌、ラジオの取材、講演依頼が多数増えたそうです。さらに、本を出したことで、これまで色眼鏡で見られがちだったホストという職業に理解を示す人が増えたのだそうです。

付き合う相手にしても、それまでホスト関係の知り合いが多かったのが、今では別の業界の人との付き合いが増え、視野がより一層広まったとのことでした。

②出版をきっかけに、自分の得意分野でビジネスが展開できるように――婚活コンサルタント・松尾知枝さん

2人目は、元タレントの「松尾知枝さん」です。

彼女は、JALの国際線CA勤務を経た後に、芸能界デビューを果たした方でした。タレント時代に始まった雑誌連載をきっかけに、500社以上の企業・職業、3000人以上の男性との合コンを経験。その後、合コンの専門家として、様々なメディアに登場していました。

30歳で人材コンサルティング会社「株式会社インプレシャス」を起業し、社長になった彼女ですが、その頃にこれまでの自身の軌跡を振り返った著書『マイル』を出したことで、社会的認知度もアップ。今では自身の境遇と芸能界で培ったポジショニング戦略、心理学をベースにした自分ブランド構築スクール「Precious美女塾」などを主催。数多くの女性の生き方やブランディングのアドバイスとサポートを行う傍ら、人気情報番組『ワイド！　スクランブル』（テレビ朝日系）でコメンテーターとして出演するなど、多彩な活動を行っています。

松尾さんの場合はもともとタレントという経歴を持っていたため、注目度が高いというアドバンテージがあったものの、出版がきっかけでその生き方や考え方が広く共感を呼び、ビジネスが多様化したケースと言えるかもしれません。

③実績を上げたネットビジネスで出版し、コンサルティングへ活動を広げる――ネット起業家・原田陽平さん

3人目は、ネット起業家の「原田陽平さん」をご紹介します。

この方はアフィリエイトで1人で月200万円稼いだ実績を元に、2006年東京で株式会社モバイルコンサルティングサービスを設立。同社で6年間会社経営をし、年商2億を社員数名で売り上げる実績を作りました。

会社設立後は自身のアフィリエイトのノウハウをまとめた書籍を出版。現在はビジネスのコンサルティング、自己啓発、海外投資、海外移住のアドバイスなども行っています。

2012年5月より香港へ家族3人で移住。香港を生活拠点とし、会社も設立。毎月のように世界中を旅しながら、その一方で日本全国を講演で回っているそうです。

このように、原田さんは自分のビジネス経験を生かした出版を機に知名度を高め、新たなビジネスを次々と展開しているのです。

④内科医として病院勤務後、出版を機会に独立——内科医・大竹真一郎さん

そして4人目が、現在『TBS駆け込みドクター!』『ホンマでっか!TV』ほか多数のメディアに登場し、タレントさんのように注目度を集める内科医の「大竹信一郎先生」です。彼は離婚を機会に自分の生活を見つめ直したのがきっかけで、私のセミナーに参加。その後、出版を志すようになりました。

そして、2012年に『医師が本当に実践しているツッコミ健康法』(ティー・オーエンタテインメント)で書籍デビュー。その後、メディアに多数登場するようになり、現在ではゴールデンの全国ネットのレギュラー番組に出演しています。

彼が最初に出版を志したのは、「世の中には極端にインチキ臭い本しかない医療本の中で、まっとうな本を作りたいと思った」からとのこと。その思いが世の中に伝わったのか、テレビで見かける大竹先生の主張は常に既存の医療概念を覆すようなものばかりです。

もちろん出版後、良かったのはメディアで注目されたことだけではありません。数年前には、病院勤務から独立し、開業医として赤坂でクリニック運営を開始しました。一般的には新たにクリニックを開始する際に、融資や不動産賃貸などで苦労することがあるそうですが、大竹先生の場合は、テレビに出たり、本を出していたことで、社会的な信用度が上がっており、銀行や不動産屋からもすぐに融資や賃貸契約を受け付けられたとのことです。

また、テレビなどメディアの仕事で知り合った芸能人や有名人が、自身のクリニックにお客さんとして来てくれることも増え、仕事としても安定しているそうです。プライベートでも再婚し、子供が生まれたことで、幸せな日々を送っているとのこと。

大竹先生いわく、本を出して一番驚いたのは「自分自身が何も変わってないのに、世間からの信頼度や評価が大きく変わった」ということだそうです。

言っていることややっていることは、昔と同様「日本の医療をよくしていきたい」という信念に従っているだけなのに、昔はバカにされていたのが、今では周囲が真面目にその言葉を聞いてくれるようになったとのこと。

また、自身の発言の場であるはずの本も、最初の頃は、自分で一生懸命何枚も企画書を書かないと書籍化しなかったものが、現在では出版社側から本を出版するためのオファーが来るようになったのだとか。

大竹先生の場合は、自身の主張と専門知識を生かし、市場を開拓。そして、メディアを上手に利用して、自分のブランドを確立することに成功した事例と言えるかもしれません。

⑤元大手金融会社役員から作家に——横山信治さん

5人目は、大手金融機関の役員から作家に転身した「横山信治さん」の事例をご紹介します。彼はもともと、かの有名なSBIグループの企業の役員でした。

そのまま人生を送っていれば、間違いなく安泰な生活が得られたにもかかわらず、「いかに安泰な仕事でも、一生の仕事として自分がやりたいものを選びたい」との気持ちから、会社員時代から関心があった作家業や講演業に携わるために、一念発起。

ただ、出版当時はまだ会社員だったため、作家業と並行するのはとにかく大変だったとか。毎朝5時に起きて原稿を執筆したり、「あ、これは原稿になりそうだ」と思うネタを日々パソコンにメモしていたそうです。

そうした努力が実り、結果、2010年に処女作『仕事に幸せを感じる働き方』（あさ出版）を出版。その後、順調に書籍を出版していきながら、2014年4月に独立し、株式会社オフィス・フォー・ユーを立ち上げました。

初の書籍以来、たった8年間で現在は20冊以上の本を出版。さらに「横山塾」という塾も開催しており、自身の長年のビジネスマン経験で培った人生哲学などを講演しています。

⑥出版によるブランディング効果で優秀な人材を発掘――経営コンサルタント・金川顕教さん

6人目にご紹介する「金川顕教さん」は、偏差値35の高校から2浪して猛勉強の末、立命館大学に合格。さらに在学中に三大難関国家試験と言われる公認会計士試験に合格し、世界最大規模の会計事務所、デロイト・トウシュ・トーマツグループの有限責任監査法人トーマツに就職したという経歴を持ちます。

トーマツは初任給600万円という、誰もが認めるエリート街道。しかし、金川さんは、あまりの多忙さに時間的自由がないことに気づき「本当に自分がやりたいことは何なのか」と考えた末、独立起業。今では経営コンサルタント、ビジネスプロデューサーとして金銭的にも時間的にも大きな自由を手に入れています。

偏差値35の高校から驚異的な努力によって初任給600万円のエリートになった経験や、お金だけでなく時間を得るために、そして本当に自分がやりたいことを目指して独立したという経緯を、「成功メソッド」「人生との向き合い方」としてまとめ、これまで20冊以上の本を出版。著者累計でもすでに20万部を突破しています。

金川さんは事業経営や経営コンサルタントを続けながら、ここ2年間ほぼ毎月のペースで出版していますが、そのメリットとしてご本人が語られていたのが、まさにブランディング効果でした。

トーマツのような大企業は、何もせずとも優秀な人材がどんどん入ってきますが、起業したばかりのベンチャーではそうもいきません。ただ求人を出しても「楽そうだから」とか「家が近いから」という動機で応募してくる人も多かったとのこと。経営者の立場からすれば当然、「この会社で働きたい」「この会社の仕事だからやりたい」

と考えて能動的に仕事を頑張ってくれる人材を発掘したいわけですが、そのために出版が大いに役立ったと言います。

経営者である金川さんの考え方や価値観、様々なスキルやノウハウを出版で多くの人に向けて発信できたことで「金川さんと一緒に仕事をしたい、学びたい」と考える人達が金川さんのもとを訪れ、その多くが現在のビジネスパートナーとして大きな力になっているということです。

そうして優秀な人材を得た結果、この2年間で売上げも組織の規模も10倍以上になったそうで、まさに出版ブランディングの大きな成功例と言えるでしょう。

以上が、私が垣間見た、実際に本を出版されて実績を挙げている方々の事例です。

これほど幅広いジャンルの方々が出版されて、効果が出ているなんて驚いた方が多いかもしれません。しかし、実際に出版された方々を見ていると、「自分にもできそう」と思えてきませんか？

3 ゴールセッティングにはどんなパターンがある？

なぜビジネス書を書きたいのか自問自答しよう

さて、ビジネス書を書くにあたって、まずやることは、ゴールセッティングです。

ビジネス書でよく言われることでありますが、何事も望むべき最終地点を設定し、いかに効率良くそこにたどり着くかの方法を考えなくてはなりません。

あなたの本を書く目的は何であるか自問自答してください。

「なぜ、あなたはビジネス書を書きたいのか？」

私は、自分のセミナーの冒頭で、受講者に質問するようにしています。

『もしドラ』や、『ビリギャル』のようなミリオンセラーを書きたい。
今やっている仕事のスキルを多くの人に伝えたい。
昔から文章を書くのが好き。
読む人にわかりやすい本を書きたい。
今いる業界の問題点を解決したい。
世の中の貧困問題をなくしたい。

人によって答えは千差万別ですし、中には「一言では言えません」などという人もいます。

まずは6つのパターンから選んでみる

しかし、私が言いたいのは、そのような小難しい話ではありません。
本には著者なりの伝えたいテーマが書かれている、ということは言うまでもありませんが、それとは別に、著者が本を出すことによって成し遂げたいと思っている「裏目的」とでも言うべきものがあります。要するにそれが、著者自身のゴールがどこかという「ゴールセッティング」でもあります。

大まかには、次の6つのパターンに分かれます。

パターン①テレビ・政界進出型
パターン②情報商材を売る・セミナーをする
パターン③副業から独立への道
パターン④趣味のブログ→夢の書籍化→人生の思い出作り
パターン⑤企画持ち込み→仕事の依頼→大ベストセラーを書くぞ
パターン⑥どうしても書きたいこと、伝えたいことがある

以下、それぞれについて見ていきましょう。

パターン①テレビ・政界進出型

これは、本を書くことによって、「取材殺到→雑誌掲載→講演会→TV→政界進出」という道を目指しているパターンです。出版にあたって、昔からある王道パターンと言えるでしょう。

まずは、本を出す。そして雑誌の取材やテレビ、ラジオの出演の機会を狙いながら、雑誌の連載などをして文化人、知識人、コメンテーター、評論家を目指すのです。

このパターンに当てはまる人は、まずはありとあらゆる機会を狙って露出を増やし、顔と名前を売ることを考えるべきです。

ある意味、形を変えたタレントデビューと言っていいかもしれませんが、最後の政界進出だけは「状況次第」でもあります。

なぜ「状況次第」かというと本人は最終的には、政府の委員会などを経て政界進出を狙っていたりしても、先にそういった意向を表明すると、出馬できなくなるケースが多いためです。そこで、ギリギリまで伏せている人も多いようです。

たまに、「〇〇さん、そろそろ政界進出どうですか?・」みたいな質問を受けても、「考えていません」などと答えるのがベストでしょう。

ただし、著作内において政治的な発言が増えてくると要注意と言われています。内心は、出馬する気は満々だと予想できます。勝間和代氏も『勝間和代の日本を変えよう』(毎日新聞社)を出版した頃は「狙っていた」のではないでしょうか。

いずれにせよ、典型的なだけにわかりやすいパターンであり、またTVやラジオの露出などにより本人の知名度が上がると、本のセールスも出やすいため、多くの人が密かに狙うゴールセッティングとなります。

パターン②情報商材を売る・セミナーをする

パターン②は、情報商材を売るためや、高額なセミナーに集客するために本を出すパターンです。名刺代わりに本を書いて、後は集客商売に専念します。あるいは最初から商材やセミナーの顧客確保のための出版の場合もあります。

この場合、本をフロント商品としてバックエンドの商材やセミナーが本線という商売の仕方になります。

「誰でも（主婦やフリーター、学生など）簡単に儲けられる」とか「1日30分で数千万円儲けられます」式のタイトルの本に、このパターンがよく見られます。

また、付録のCDが付いていたり、ホームページでレポートをダウンロードする権利などが付いていることも多いでしょう。そこまでは無料ですが、高額なバックエンド商品がホームページに用意されていたり、無料の会員登録をすると、商材案内のメルマガなどが届くようになっています。

モデルケースとしては『働かないで年収5160万円稼ぐ方法』（三笠書房）の川島和正氏、『ネットで月収1000万円！　情報起業の不思議な稼ぎ方』（中経出版）の菅野一勢氏、最近では「秒速で1億円稼いで、秒速で失った」というふれこみの与澤翼氏がこうしたパターンといえます。

ただし、私は決してこのパターン②が悪いと言っているわけではありません。

この本を読んでいる人の中にも、情報商材を販売している方、お店やセミナーに集客したいと真剣に考えている人もいるはずです。そういう人の場合、変に他のゴールセッティングのパターンにハマってしまうと効率が悪いので、徹底的にパターン②の戦略を貫くべきではないでしょうか。

パターン③副業から独立への道

パターン③は、「副業執筆→ベストセラー→コンサル作家」という道を目指すものです。まずは会社勤めしながら副業作家としてデビューし、運よく売れれば独立も視野に入れます。本を出し、給料と印税のダブルインカムを狙いながら、今後の自分の人生の展開を考える、といったパターンです。

会社でのポジションに不満がなく、かつ執筆が認められており、勤めながら週末作家として本を出したり取材を受けたりすることが可能であれば、ある意味、もっとも堅実で、まともな人生を歩めそうなパターンと言えるでしょう。

勤めながらでも本を出すことで自分自身のブランディングにもなるし、リストラや会社の倒産があろうとも生計を立てられそうな見通しとなれば、会社生活にもゆとりや自信が生まれます。

代表的なケースとしては、藤井孝一氏、内藤忍氏、小室淑恵氏、小山龍介氏などが挙げられます。

藤井孝一氏は、自身が『週末起業』(筑摩書房)という本を出された後に「週末起業」を考えている人たちの相談に乗るような形でコンサルティングをスタートし、現在はコンサル会社の経営をしながら様々な活動をしています。

投資やマネー、仕事術の本を出されている内藤忍氏はマネックス・ユニバーシティの代表取締役だったし、『IDEA HACKS!』(東洋経済新報社)などの「HACK!シリーズ」の著者、小山龍介氏は松竹に勤務していました。

また、小室淑恵氏も現在は自分で会社を経営していますが、もともとは化粧品会社で新規事業の企画が認められ、その多忙な生活の中で家庭や育児を両立するためにワーク・ライフ・バランスの重要性を意識するようになった、というようなことが著書に書かれています。

パターン④趣味のブログ→夢の書籍化→人生の思い出作り

「ブログやメルマガを一生懸命書いているうちにアクセス数や知名度が上がり、それが出版社の目に留まり出版のオファーが来て1冊、本を書きました。そして1冊出した後は、またこつこつと、何事もなかったかのようにブログやメルマガの更新に励みます。それが何か？」

そんなパターンです。

最近はこのパターンからベストセラー著者が出るケースが増えています。その代表的なのが「金融日記」の藤沢数希さんや「ちきりんの日記」のちきりんさんでしょう。

藤沢数希さんは『なぜ投資のプロはサルに負けるのか？―あるいは、お金持ちになれるたった一つのクールなやり方』（ダイヤモンド社）で有名ブロガーから著者成りし、今や論理的で鋭い筆致で金融・ビジネスコーナーの人気著者となっています。

ちきりんさんも『自分のアタマで考えよう』（ダイヤモンド社）が大ヒットした後、続々と本を出したり取材を受けたりと大活躍であり、素顔こそ公開していないものの「有名人」と言っていいでしょう。ちきりんさんは、こうした経緯を『「自分メディア」はこう作る！』（文藝春秋）で次のように書いています。

２０１２年の半ばに、もう新企画は受け付けないと宣言したため今ではかなり減りましたが、それでも過去数年の間に50社近い出版社から書籍出版の企画を頂きました。書籍企画以外でも、取材、対談、コラム執筆、講演などの依頼が次々と届きます。献本や、推薦文の依頼もあります。

ビジネス書ではありませんが、異常に鋭い観察眼と文章力で知られる「スポーツは見るもの語るもの〜フモフモコラム」のフモフモさんも、『自由すぎるオリンピック観戦術』（ぱる出版）を出した後も精力的に更新しています。

ブログでもメルマガでもありませんが、「謎の主婦。ツイッターで独自の恋愛観を綴り、一般人としては異例のフォロワー22万人。サブアカウントではフォロワーの恋愛相談にも乗り、こちらも異例のフォロワー約15万人」というＤＪあおいさんも、『じゃあ言うけど、それくらいの男の気持ちがわからないようでは一生幸せになれないってことよ』（ワニブックス）で著者デビューし、人気を博しています。

出版社では、ワニブックスさんが、『口ベタ営業マンが渋谷ギャルをナンパし続け半年後に1億の契約をとった件』をはじめブログから著者を積極的に発掘しています。

こうして見ると、経歴も素顔も隠して書いている人ばかりです。仕事やプライベートとリンクさせないから純粋に面白いことを思いっきり書けるのかもしれません。

趣味で続けているブログが書籍化したからといって変に浮ついたりせず、また淡々と更新を続けているという人もけっこう多いものです。しかし、初めての著者がベストセラーになり、人生の思い出作りというより、人生が変わってしまった人もいるのです。

パターン⑤企画持ち込み→仕事の依頼→大ベストセラー作家への道

このパターンには2種類あります。主に得意分野の執筆で生計を立てている場合と、本業がありながら執筆している場合です。学者やコンサルタントで本を書いている人が、このパターンになっているケースもあります。

前者のパターンは、心理学者の内藤宜人氏、千田琢也氏、ドラマにもなった『夢をかなえるゾウ』（飛鳥新社）の水野敬也氏などがそれに当てはまり、後者は、ベストセラー『さおだけ屋はなぜ潰れないのか』（光文社）の著者で公認会計士の山田真哉氏などが当てはまるのではないでしょうか。

パターン①と似ている部分もありますが、そこまで露出を目指しているわけではなく、取材の依頼があれば受ける程度、というケースが多いです。

また、パターン①の場合、ゴーストライターを使っていることが多かったり、本を書くより名前を売るのが優先されるように見受けられることが多いのに対し、パターン⑤の場合は、もともと書くこと自体が好きで、基本的に自分で書いているという人が多く、小説などフィクションに挑戦するケースも目に付きます。

このあたりは、最近は小説家でも純文学、エンタテインメント系に限らず、「それだけでは食えない」「将来が不安」などの理由で、普段は勤めているケースも多く、広い意味での執筆業というくくりでは、好きなことを書いてヒットを狙う、大ベストセラーを狙う、という部分でボーダーレス化や執筆ジャンルのクロスオーバーが増加していく傾向にあるのかもしれないと個人的には思っています。

パターン①が形を変えたタレントデビューだとすると、こちらはさしずめ形を変えた作家デビューを狙っているというケースかもしれません。

パターン⑥どうしても書きたいこと・伝えたいことがある

基本的にどうしても書きたい・伝えたいことがあるというパターンには、例えば『鏡の法則』（総合法令出版社）の野口嘉則氏や、『そうじ力』シリーズの舛田光洋氏、『どんな仕事も楽しくなる3つの物語』（きこ書房）の福島正伸氏などが当てはまります。

意外に思うかもしれませんが、私も自分ではこのパターンだったと思っています。事業に失敗し、負債を3億円も抱えて、なぜ今生きているのか不思議に思うこともあるのですが、結局はそこで見た人生でもっとも大事なこととは何かという価値観や、お金と人間関係、お金と幸せの関係などを伝えたいと思って書いています。

そうでなければとっくに死んでいてもおかしくなかったし、今現在は金や美食や美女など俗世の誘惑や欲望にはあまり興味はなく、基本的に1日中執筆していて人と会わなくても自分自身は幸せだったりします。

あまりマスコミに取材されることに興味がなく、自分自身の露出は避ける傾向がある人が多いのも特徴かもしれません。

ちなみに私自身は作家デビュー時から一貫して、顔出しもマスコミ取材もほぼNGで、プロフィール対策など「キャラ立ち」もさせないスタンスです。タレントやミュージシャンで言えば、TV出演はNGでCDのリリースとライブだけというパターンでしょうか。昔の「ZARD」、もしくは最近の「GReeeeN」みたいなスタンスだと言えるかもしれません。

イメージを固めて動くことでゴールが近くなる

さて、ここまでご紹介してきた6つのパターンで、自分に当てはまりそうなものはあったでしょうか？

この中のどのパターンであっても、私自身は決して悪いものではないと思っています。作家デビューを果たしたものの、次第に自分自身の考えが変わったり、周囲からの影響もあって、また別のパターンに移行するケースもあるかもしれません。それはあくまで臨機応変な対応で構わないでしょう。

ただし、ある程度出版後の自分のイメージを固めて動くことで、より自分の願っていたゴールに近づくことができるはずです。

第3章 まずは出版社に「企画」を通そう

自費出版と商業出版はどう違う？

まずは出版のしくみを知ろう

いかに自分が出版を志したとしても、出版してくれる出版社がないとどうにもなりません。

もっとも、狭き門ではありますが、きちんとコツさえつかめば、出版社の門戸を開くことはさほど難しくはありません。

では、そのために具体的にはどうすればいいのか？

あらゆるビジネスと同様で、まずその業界に入る上では業界分析が必須。つまり、「出版のしくみを知ること」が大前提になります。

そこで、まずは作家志望の人が本を出そうとした場合に最初に出てくる2つの選択肢、「商業出版」と「自費出版」について知っておきましょう。

出版社が本を出してくれる「商業出版」

商業出版というのは、一般的な書店で売られているような本のことを指します。一度出版されれば、全国のあらゆる書店で取り扱いが可能になります。

また、製作コストは出版社が負担することが多いです。その代わり、本のテーマやその内容については出版社の意向が色濃く反映されますし、原稿のクオリティは一定のレベルが求められます。

発売のスケジュールなどに関しても、自分で決めることはできません。

自由度は少ないものの、出版社がその分自社の商品として、本気で気合を入れて作ってくれるため、クオリティの高い内容に仕上がります。自分で製作コストを負担しなくていいという点も、商業出版の魅力かもしれません。

自分のこだわりを活かせる「自費出版」

一方、自費出版の場合、自分がスポンサーとなって本を作ってもらうことができるため、製作コストはかかるものの、自分が本として出したい内容、テーマ、原稿を、すべて自分で決めることが可能です。

ただし、基本的に書店で流通しないというデメリットがあります。

また、製作費としても数百万円レベルでかかるため、資金に余裕がある人限定になるでしょう。

自分の言い分をしっかり世に広めたい、お客さんに販促物の一種として配りたい、などという意味合いであれば、自分の意向を強く反映できる自費出版はおすすめだと思います。

第三の選択肢「カスタム出版」も増えてきた

また、最近は第三の手法として、「カスタム出版」という手法もあります。

これは、１０００部以上などのまとまった部数を自分で買うなり、売れ残りが出た場合は自分で購入すると事前に出版社に約束しておくことで、商業出版してもらうというパターンです。

出版社側にとって在庫は赤字です。それゆえ、売れなさそうな本は作りたくないというのが本音です。だからこそ、事前にある程度の部数がはけると保障された本であれば、出版社側にとってもメリットになりえます。

また、著者側も、仮に本が思った以上に売れた場合は、印税を受け取ることも可能です。

このような形式での出版がカスタム出版と呼ばれており、昨今話題のビジネス書などにおいても多く取り入れられている手法になります。

もし、何度も出版社に企画を断られているものの、資金力に余裕がある人であれば、この第三の方法を考えてみてもいいかもしれません。

また、コンサル出版とは、文字通り、出版がビジネスに直結するためのアドバイスを受けて出版する出版コンサルと、出版がセットになった形です。これは私が経営するサンライズパブリッシングで提供しているサービスですが、従来の出版は、出版社が売りたい本を出版するビジネスモデルになっており、必ずしも著者のメリットと一致しませんでした。一致しないどころか出版社の都合でタイトルや内容が変わる。広告宣伝が思うようにできない。ひどい場合、出版決定から実際に本がでるまで何年もかかるどころか、最終的にボツをくらい発売されないなどのケースも多く、出版しなければよかったという残念な声を何度も聞いたため、著者の意向に沿ったオーダーメイドの出版ができる会社を作ったのです。

こうしたコンサル出版はこれから著者のニーズに応える形で増えていくのではないかと思います。興味のある方はお気軽にお問い合わせください。

出版社への企画はどう通す?

最初にして、最大の関門

出版における3つの形態をご紹介しましたが、お金を出したらなんとか出版できる自費出版やカスタム出版よりも、やはり最初に目指したいのは「商業出版」でしょう。コストもかからず、出版社側も「売りたい」という気持ちがあるからこそ、本気で本を作ってくれます。

ただ、誰もが憧れる商業出版ではありますが、そこにたどり着くにはいくつものハードルがあります。

まず、最初にして、最大の関門となるのが「企画を通す」ということ。

正直なところ、「本を出したことのない素人が、出版社に企画を出して通るものなの？」と思うかもしれません。

確かに、ベテラン作家であっても、時には企画が通らず、本が出せないこともあります。そんな現状がある中で、駆け出しの初心者作家にとって、企画を通すことはかなり高いハードルと感じるかもしれません。

大事なのは出版社側が何を求めているか

でも、ここまでの話を覆すようですが、実は今の時代、たとえ素人であっても、出版社にアイデア（本の企画）が通るチャンスは十分にあります。

ここで大事なのは、「出版社や編集者が、著者に対して何を求めているか」を把握することです。書きたい本の内容があったとしても、ただ自分の希望だけの企画では、出版社は通してくれません。

出版社側が求める企画や著者像を知ることで、企画が通りやすくなるのです。

さらに言えば、自分の本を置いてくれる書店に対しても、「何をしたら売れるのか」ということを知った上で、自分の本を作り上げる必要があります。

3 本ができるまでの大まかな流れは？

本が書店に並ぶまでにはいくつもの工程がある

企画を出してから、本ができるまで。そこには具体的にはどういう順序が必要になるのでしょうか？

まず、本を出すには、前述したように、出版社に企画書を通すことが必要になります。その中で避けて通れないのが、編集者に自分の企画を認めてもらうこと。あなたの持って行った企画を、編集者が「面白い」「売れそうだ」「うちの会社で出すメリットがある」と判断すれば、その本は編集部の企画会議にかけられます。その企画会議で、編集者の上司である編集長がゴーサインを出すことで、本の制作が開始します。

その後、本の原稿を作成して、本の表紙や本自体のデザインが決まっていき、文字の間違いがないかといった校正がかけられます。

その間に、本の部数などが決められ、印刷され、書店に並ぶことになります。

制作期間はまちまち

なお、トータルでの制作期間は、非常にまちまちです。

編集部で「あなたの本を出します」という企画が決まって、早ければ3～4か月くらいで完成するものもあれば、数年単位にわたるものまで、非常に幅広いです。場合によっては、時勢的なものや他社との兼ね合いなどで、一度決まった企画がなくなることも少なからずあります。

4 企画のテーマはどう決めればいい？

ビジネス書・実用書で人気のテーマはこれだ

企画を通すためには、どんな企画が求められるのかを知ることが大切だという話をしました。それでは、ビジネス書・実用書というジャンルでは、どんなテーマに人気があるのか？

具体的には、以下のようなテーマになります。

- お金儲け
- モテ・恋愛

・結婚
・自己実現
・勉強法・読書術
・時間術
・開運方法

本には必ず自分なりのテーマが必要

これらはあくまで一例ではありますが、基本的には「誰かの人生をより良くするもの」や「その人の人生にメリットをもたらすもの」など、読者に対して直接的な利益があるものであればあるほど、ビジネス書としての引きは強くなります。

前述したホストの信長さんであれば、「ホストが現場で培ったコミュニケーション術をもっと世の中に広めたい」。

元CAの松尾知枝さんであれば、「自分自身の経験を生かして、もっと女性たちを幸せにしたい」。

転売の専門家である原田陽平さんの場合は、「パソコン一つで仕事ができる快適さを多くの人に伝えたい」。

内科医の大竹真一郎さんであれば「正しい医療知識を世の中に広めたい」。

そして、最後の横山信治さんであれば、「自分のビジネス知識を、もっと多くのビジネスマンに教えていきたい」。

つまり、それぞれの本の中には、その著者なりの伝えたい大きなテーマが潜んでいるのです。

そのテーマをうまく見つけることが大切です。そのテーマをブレさせないことが、良い本を生む大事な秘訣だと思います。

自分の得意分野を見つけることがテーマ探しの近道

ただ、一概にテーマを見つけろと言われても、考え込んでしまう人も多いでしょう。

そこで、すごくわかりやすい方法としては、「自分の得意分野を見つける」ことが一番の近道かもしれません。

例えば、今のあなたの肩書は何でしょうか？

公認会計士、元社長、有名企業退職、ＭＢＡ……など、華やかな肩書がある人は、それをフックにすると本が書きやすくなります。なぜなら、今、多くの人が憧れるポジションにいる人だからです。そうした人の体験談は誰もが読みたいものですし、そのノウハウやテクニックを学びたいと思う部分も多いでしょう。

また、何かしらの大会や賞などで、良い成績を収めた人であれば、それ自体もセールスポイントになります。

私のセミナーを受講してくださっている生徒さんの一人は、「釣りジャパン」と呼ばれる釣りの日本代表候補に選ばれた釣りの専門家です。こうした大会でタイトルを取ることは、「日本一」という根拠にもなりえます。

5 自分がナンバー1になれるジャンルはどう探す？

ナンバー1がない人は、自分でジャンルを作ろう

もしも「自分には立派な肩書がない」「派手な経歴など持ち合わせていない」という人でも、心配はいりません。何も思い浮かばないという人は「このジャンルであれば、自分はナンバー1だ」と言えるものを探し、それを自分の強みとして全面に前に出すのがおすすめです。

そんなに簡単にナンバー1のものなんて見つからない……と思ってしまうかもしれませんが、大丈夫です。その場合は、まだ誰も立ち上げていないようなジャンルで、勝負をすればいいのですから。

例えば、「コーヒーに詳しい人」は日本中たくさんいるでしょう。でも、例えば、「○○のコーヒーに詳しい人」であれば、どうでしょうか。

「コンビニ販売のコーヒーについて日本で一番詳しい」という庶民的なもの。

「5つ星ホテルのラウンジコーヒーについて誰よりも詳しい」というハイクラスなもの。

「東京都の港区の喫茶店のコーヒーについて誰よりも詳しいもの」というエリアを限定したものまで、非常に幅広いジャンルを立ち上げることができます。

ニッチ過ぎて誰にも需要がないのではと思ってしまうかもしれませんが、誰もそのジャンルに強い人がいないものであればあるほど、案外ニーズは高いものです。

自分にとっては当たり前のことがテーマになることもある

それ以外なら、プロならば当然の知識だけれども、素人は知らないという業界知識を解説するというのも手です。

例えば、プロの料理人が教える、美しい刺身の切り方やうまい和食の作り方などがあれば、知りたいと思う人は多いのではないでしょうか。

案外探してみれば、「あなたにとっては当たり前のことでも、世の中の大多数の人にとっては知らない知識」をあなた自身が持っている可能性は非常に高いのです。

ぜひ、一度自分の能力の棚卸ろしにトライしてみてください。

6 流行はどうやって取り入れる？

流行のキーワード×得意ジャンルの組み合わせでヒットが生まれる

後は、流行のキーワードと自分の得意ジャンルを掛け合わせてテーマを組み合わせるというのもコツです。

例えば、ここ数年はアドラー心理学が話題になりましたが、この「アドラー」というキーワードと「おそうじ」をテーマを掛け合わせて、ヒットを出したのが東京在住の主婦だった丸山郁美さんです。

彼女は、2013年に、サンケイリビング新聞社主催の主婦の技を競うSHUFU-1コンテストで準グランプリを受賞。アドラー心理学のポイントを抽出して、応用したおそうじ術を提案し、『あなたのお部屋がイライラしないで片づく本』（かんき出版）を出版して、話題になりました。

「おそうじ」はごくごくありふれたテーマに感じられますが、流行のテーマやキーワードと掛け合わせることで、既存のものとは一味違うジャンルを立ち上げることができるのです。

7 ブログやSNSは出版に役立つ？

無名の高校教師でも何冊もの本を出せた理由

自分にはたいした肩書がないと思ったとしても、見せ方次第ではヒットメーカーになれる可能性もあります。

実際に私の周囲を見てみても、高校の先生や主婦、大学生など、ごくごく当たり前のような肩書の、「目立つ実績が何もない人」たちが本を出しているケースもまれにあります。

例えば、私のセミナーの元・受講生の一人である「マロン先生」こと栗田正行さんは、現役の高校教師でした。仕事を続けているうちに「本当にこの仕事だけでいいのか」「何か自分の強みを見つけたい」と思い、本の執筆を志したそうです。

ただ、もちろん知名度も何もない普通の高校の先生が本を出すのはなかなか難しいもの。

そこで、彼が始めたのがブログでした。自分の教育論や勉強法、子育て術などについて、自分のブログで情報発信をしていくことにしたのです。

ブログで何年間も地道に執筆を続けていった結果、次第に読者は伸びていき、固定の読者層を確保。その功績が出版社側からも認められて、現在では何冊もの本を出す著者になっています。

出版社側もブログやSNSを重視している

自分の情報にはどういうニーズがあるのか。

また、どういう情報に人は価値を見出すのか。

その感覚を養っていくには、ブログやSNSはとても有意義なものだと思います。

しかも最近は、出版社側も本を出した後のPR効果や潜在読者のことを考慮して、インターネット上で固定の読者層がいる人を重宝する傾向にあります。SNSのフォロワーが1万人以上だったり、ブログの読者数が数十万人以上、メルマガ読者が数千人以上など、具体的な数字を一定のラインとして定めている会社もあるほどです。

時間はかかりますし、誰もがネットを使う時代だからこそ簡単ではないと思うかもしれませんが、今から地道にインターネット上で情報発信を始めていけば、数年後にはあなたにとって貴重な財産になっているかもしれません。

8 本屋巡りは出版に役立つ？

書店にはトレンドが集約されている

ジャンルや自分の強み、本の方向性を考える上で、とても参考になるのが本屋さんでのリサーチです。

年間8万冊近い本が毎年発売されている昨今において、書店の売り場は激戦区。それゆえ移り変わりも激しく、現在のトレンドがぎゅっと集約されています。

1日1回でもいいから本屋に行き、表紙やタイトルを眺めているだけで、次第に「今の時代はこういう情報が求められている」「こういう本がヒットしやすい」というトレンドが見えてくるはずです。

今、世の中ではいったいどういう本が流行しているのか。

どういう情報やキーワードが求められているのか。

こうしたトレンドを、本屋通いによって、ぜひ肌感覚で身に着けていってほしいものです。

いろんな棚を見てヒントを得よう

また、本はだいたいジャンルごとに棚が分かれています。

いろんな棚を見て歩くことで、絶え間なく情報が入ってくる。

それゆえ「こういう本ならば自分にも書けるんじゃないか」「こういうジャンルであれば、自分でもトップを取ることができるかもしれない」と一人ブレストする場にもピッタリです。

Amazonのランキング情報は役に立つ？

できることならチェックするのはリアル書店だけではなく、Amazonなどのネット書店もぜひ確認していただきたいです。

Amazonの場合は、総合１００位のランキングは必須です。

ランクインの理由も調べてみる

毎日定点観測していると、ときどき「なぜこの本が急にランキング上位に入ってきたんだろう?」と思われるような本がランクインすることもあります。

そういう本をみつけた場合、理由も調べてみる。

すると、テレビ出演があった、雑誌で紹介された、口コミが広まった、著者がＳＮ

Sで注目された……など様々な要因が分析できるようになり、今後、自分が本を売る時の戦略にも利用できます。

分野別のランキングは200位まで目を通そう

またAmazonは本の細分化が非常にきちんとなされています。

自分の関心のあるジャンルが決まっている人は、自分が興味のある分野のランキング100位まで目を通してみることをおすすめします。

だいたいの人は、総合100位くらいまでしか目を通さないのですが、ジャンル別のランキングをチェックすることも必須です。

大量の書籍を目にすることで、こちらも肌感覚で「こういうテーマを扱った本が人気なんだな」「こういう体裁の本がいいんだな」「こういうタイトルが受けるんだな」というトレンドや傾向がわかっていくはずです。

10 企画書を書く際のポイントは？

必ず守っておきたい3つのポイント

ある程度自分のジャンルや方向性が決まったら、いよいよ企画書を書いてみましょう。

ここでは、企画書を書く際のポイントを、いくつかご紹介していきます。

・企画書はA4 1枚できっちりまとめる

つい「自分のことをたくさん知ってほしい」「自分の書きたいものを相手に伝えたい」と思うがゆえに、何枚もの企画書をしたためて、編集者に渡そうとする人もいますが、それはNG。

編集者は忙しいので、基本的にはポイントがわかるようにA4 1枚の企画書にまとめる方がいいでしょう。

1枚だけで、ぐっと相手の心をつかむ企画書を作ることを心がけましょう。

・読者が読みたいと思うものを探す

自叙伝やファンタジー小説といったジャンルは、かなり飽和状態にある上、作者は書いていて楽しいものの、読者自体は少ないジャンルと言えるでしょう。

できることなら、世の中の人にとって利益になる情報。また、エンタメ性の高い情報などをアウトプットできる方が、企画が通りやすくなるはずです。

自分の独りよがりの「書きたいもの」ではなくて、「みんなが読みたいと思うだろうもの」をイメージして企画書を作るようにしましょう。

・ターゲットは誰なのかを想定しておく

自分の本のターゲット層は誰なのか。どういう人なのか。

それをきちんと最初にある程度想定しておくことで、より特定の分野の人に刺さりやすくなるはずです。

40代男性向けのコンテンツと、20代女性向けのコンテンツとでは、内容から装丁、文体まで、すべてが大きく違うはず。

もちろん実際に編集者と話をしていくうちに、ターゲット層が変わっていく可能性も高いですが、「現時点で自分はどういう人をターゲットに企画を作っているのか」を念頭に置くことで、より精度の高い企画書を作ることができます。

どの出版社にアプローチすべき？

出版社への企画出しは、受験勉強と一緒

なにはともあれ、まずは、企画を通すことが目下の課題になります。

企画について重要なのは、とにかく何度も何度も出し続けること。

感覚としては、受験勉強に非常に近いかもしれません。

受験勉強では、それぞれの学校の試験対策など何も取らなかった人が、一発で受かることはまずありません。

極端な話、理系の大学を受けたいのに、文系の試験問題ばかりを勉強しているようでは、いつまでたっても試験に通ることはないでしょう。

出版社にも得意不得意がある

出版社への企画出しも、それとまったく同じこと。

それぞれの出版社には、得意・不得意があります。ビジネス書に強い出版社もあれば、実用書に強い出版社もある。また、ビジネス書という枠組みの中でも、自己啓発に強い出版社もあれば、逆にお金儲けジャンルに強い出版社もあります。

仮にあなたが「ぜひここから本を出したい」と憧れている出版社があったとします。しかし、その出版社が、あまりビジネス書籍を出さないとしたら、いかに企画を持って行っても、いつまでたっても通ることはありません。

それよりは、自分が出したいと思っているテーマを扱った本を出している出版社の編集部を訪ねた方が、おそらく企画は通りやすくなるはずです。

これらを踏まえて、その学校（出版社）はどのような本を出しているのか、どういうジャンルの本だと企画が決まりそうなのか……といった傾向と対策をきちんと考える必要があります。

出版社別の傾向は？

ビジネス書に強い出版社はここだ！

では具体的に、どの出版社を選べばいいのか？

書店にビジネス書のコーナー以外にも、文芸や実用書、雑誌、マンガのコーナーがあるように、出版社もビジネス書を専門に出版しているところから、マンガや雑誌まで幅広く発行している総合出版社まで大小３０００社ほど存在します。

その中でも、ビジネス書のコーナーによく平積みされている本の出版社というと、東洋経済新報社、日経ＢＰ、ダイヤモンド社など大手３社を筆頭にＰＨＰ研究所、ＫＡＤＯＫＡＷＡ、大和書房、日本実業出版、ディスカヴァー・トゥエンティワン、フォレスト出版、サンマーク出版、あさ出版、ＳＢクリエイティブ、サンクチュアリ出版、ワニブックスなどが挙げられるでしょう。

また、長らく出版不況と呼ばれていますが、近年、ビジネス書が手堅く売れる傾向があり、講談社など総合出版社も本格的に参入しています。

そこで、主なビジネス書出版社について、簡単に紹介しましょう。

・日経ＢＰ社

日経新聞の子会社というか出版部門。売上高３８０億円（２０１７年度）。日経ビジネス、アソシエ、トレンディ、エンタテインメントなど数々の雑誌を発行。ビジネス書も多数。

・ダイヤモンド社

経済・経済書の老舗。雑誌『週刊ダイヤモンド』『ダイヤモンドzai』なども発行。

近年、各社のエース級編集者が移籍するメジャーリーガー集団との噂。『統計学が最強の学問である』『伝え方が9割』『嫌われる勇気』『ブラックスワン』など話題作多数。売上高124億円。

・PHP

あの松下幸之助が創立。PHPとは、Peace and Happiness through Prosperity（反映によって平和と幸福を）という意味。ロングセラー『道をひらく』（松下幸之助）、『やりたいことをやれ』（本田宗一郎）がある。刊行点数は多め。最近では『（日めくり）まいにち、修造！』が大ヒット。

・文響社

2010年4月に創業したばかりの出版社だが、『人生はワンチャンス！』『人生はニャンとかなる！』『それでも僕は夢を見る』など大ベストセラーを連発。当社は水野敬也関連の書籍が多かったが、最近は、累計330万部以上のベストセラーとなっている『うんこドリル』シリーズ、33万部を超えた『1日1ページ、読むだけで身につく世界の教養365』（デイヴィッド・S・キダーほか）など他の分野も発掘。旺盛な出版活動を展開中。

・日本実業出版

1950年創業。経営、経理、税務などのビジネス関係の書籍から自己啓発書等、幅広い出版活動を展開している。

最近では『会社売却とバイアウト実務のすべて』（宮崎淳平）、『武器としての会計思考力』（矢部謙介）、『フリーランスを代表して申告と節税について教わってきました』（きたみりゅうじ）、『野村メモ』（野村克也）など、各分野にわたり話題作を出版している。

・フォレスト出版

平成8年創業と比較的新しい出版社ながら神田昌典氏、石井裕之氏らを発掘し、破竹の勢いでビジネス書の世界で頭角を現す。その後も苫米地英人、本田健、嶋津良智氏などが続いた。

・ディスカヴァー・トゥエンティワン

名物社長、干場弓子氏がクリエイティブと営業チームを牽引。働く女性に人気のあるビジネス書出版社というイメージ。

『ビジネスマンのための「発見力」養成講座』『察しない男　説明しない女　男に通じる話し方　女に伝わる話し方』など。

・サンマーク出版

『「原因」と「結果」の法則』（ジェームズ・アレン）や『小さいことにくよくよす

るな！』（リチャード・カールソン）などのロングセラーのほか、『こうして思考は現実になる』（パム・グラウト）や、海外でもヒットした『人生がときめく片づけの魔法』（近藤麻理恵）など自己啓発系に強い。

・大和書房

本田健氏の『ユダヤ人大富豪の教え』シリーズが有名。ほかに『スタンフォードの自分を変える教室』（ケリー・マクゴニガル）、『面倒くさがりやのあなたがうまくいく55の法則』（本田直之）、『幸福の商社　不幸のデパート』（水野俊哉）などがある。

・講談社

言わずと知れた業界最大手。年商１１９０億円（14年11月期）。マンガや雑誌から文芸、児童書まで発行する総合出版社。ビジネス書にも力を入れはじめている。

橘玲氏の『貧乏はお金持ち』『天才！』（マルコム・グラッドウェル）『スティーブ・

ジョブズ』『サラリーマンは300万円で小さな会社を買いなさい』(三戸政和)など。

・KADOKAWA

2014年、角川ホールディングスがドワンゴと経営統合してKADOKAWAとなった。すでに傘下にあったビジネス書の老舗「中経出版」などもKADOKAWAにブランドネームを統一。

2013年に発売された『学年ビリのギャルが1年で偏差値を40上げて慶應大学に現役合格した話』が映画化され大ヒット。

・幻冬舎

創業の後、ベストセラーを連発する同社だが、最近は社長の見城徹氏が『たった一人の熱狂・仕事と人生に効く51の言葉』など、キャラ全快のビジネス書を出し、スマッシュヒットを連発している(発売元は別だが)。

最近では、名物編集者・箕輪厚介が編集長を務める「NewsPicks Book」シリーズで、『日本再興戦略』（落合陽一）、『お金2・0　新しい経済のルールと生き方』（佐藤航陽）、『人生の勝算』（前田裕二）など、話題作を多数展開している。

13

大手の出版社を目指すべき？

大手だから良いとは限らない

本を出したいという人の話を聞くと、「できれば大手の出版社から出したい」と語る人が多いです。

講談社や小学館、集英社などといった大手出版社で本を出せば、一流の著者の仲間入りをしたような気持ちになるのはわかります。

でも、実は大手出版社から本を出すことが、必ずしも良いことなのかと言われると、決してそんなことはないと私は思っています。

大手出版社であればあるほど、スター作家をたくさん抱えているため、新人作家のケアまでする余裕は編集者にはありません。

出版点数も大手になればなるほど多いので、販促やPRなどの労力を新人にまで割いてはくれず、きちんと売ってくれないことも多いです。

中小の出版社から大ヒット本が出るケースも多い

そういう点では、小さな出版社の方が発行点数が少ないため、ひとつひとつの本を丁寧に作ってくれますし、「売れる」と見込んだ本であれば、きちんと営業してくれる可能性が高いです。

そのため、近年見てみても、小さな出版社や中堅の出版社から、大ヒット本が出るケースも多いです。

タレントを見てみても、キー局のゴールデンで映える人もいれば、ローカル局の深夜番組でブレイクする人もいるように、出版社と著者にも相性があります。知名度や規模などで一概に決められるものではありません。

なので、中堅出版社や小さい出版社であっても、決して軽く見ないこと。
大手出版社ばかりを優先するのはやめましょう。

14 出版不況は新人には不利？

出版点数が増えている今がチャンス

いくら本の企画が通りやすくなったとはいっても、「自分の今のレベルで、本を出版できるとは思えないんだけど……」と思った人がほとんどなのではないでしょうか。

第1章でも少し触れましたが、現状、出版業界では紙の本の売り上げが伸び悩んでいます。

しかし、だからといって出版点数も減っているわけではありません。むしろ増えていっています。

そのため、ベストセラーは出しにくい状況ではありますが、出版点数が増えているので、初心者でも出版のチャンスがあるのです。

売れている本を徹底的に真似ればいい

どうしてここまではっきりと言えるかというと、出版社では「前例がある企画が通りやすい」という傾向があるからです。すでにベストセラーになっている本と類似するようなテーマの企画であれば、出版しても売れると認識され、企画が通りやすくなります。

出版社は、当然のことながら「売れる本」を出版したいと考えるものです。よって、売れそうな企画の本であれば、たとえ初心者であっても企画が通る可能性が高いと言えます。

もちろん、初心者が一から、誰も出版してないようなテーマで企画を持ち込むことも不可能ではありません。しかし、初めて出版する時には、「売れている本を徹底的に真似る」方が近道なのです（もちろん、内容もすべて真似してしまってはいけませんが）。

これで、未経験であっても、出版のハードルはそれほど高くない、ということをおわかりいただけたのではないでしょうか。

出版することで自分自身も成長しますし、先ほどもお話ししたように、出版がきっかけで売り上げが伸び、企業も自分自身も成長することができます。「自分は素人だし、本を出すなんて……」と後ずさりしてしまうかもしれませんが、出版が初めての人こそ、チャレンジした方がいいのです。

編集者に「会ってみたい」と思わせる企画書とは？

企画書に最低限必要な3つの要素

企画書に必要とされる要素は出版社によって様々ですが、最低限必要なのは、次の3つになります。

①プロフィール
②本のタイトル
③章立て

それぞれの重要なポイントについて、以下で解説していきましょう。

①プロフィール

まずは、作者であるあなたがどんな人物なのか。それがストレートに伝わる内容を準備しましょう。生年月日、学歴、職歴など、自分のことができるだけ正確に伝わるように心がけてください。

ここで忘れてはならないのが、あなたのセールスポイントです。

あなたはどんな分野が得意なのか。

他人よりも秀でた部分はどんな部分なのか。

どんなジャンルでナンバー1になれる自信があるのか。

ここまでのページで書いたように、ほかの人があなたについて知りたくなるような、アピールポイントをしっかりと書いてください。

②章立て

章立ては、本の設計図と一緒。プロの編集者は章立てを見ると、その本がどんな内容になりそうか、ある程度予想することができます。

最初の導入から、最後の結論までをまとめ、だいたい6章くらいまでの章立てを作り、それぞれに見出しとなるタイトルを入れましょう。

その際、章を立てるだけではなく、その章でどんな内容のことを書こうと思っているのかどうかを、きちんと説明しましょう。

③タイトル

タイトルは、すべての本において看板と同じこと。昨今はネット書店も活況なこともあり、タイトルだけで本が売れると言っても決して過言ではありません。

中身に対していかに自信があったとしても、タイトルで編集者の興味をそそることができなければ、企画は通りません。

まずは書店などで、どんな本が売れているのか、どんなタイトルの本に自分が興味を惹かれたか、しっかりインプットしてみてください。

また、100個くらい、頭に思い浮かんだタイトルを紙に書き出してみましょう。

そのくらいたくさんのアイデアを出した上で、どんどん候補を絞りこんでいくことで、「これぞ」と思うタイトルときっと出会えるはずです。

16 タイトルにはこだわるべき？

プロに任せてしまうのが一番

なお、「タイトル」に関しては、実はあまり著者自身は関与しない方が、僕自身は良いのではないかと思っています。

正確に言うと、当然、企画書を作る時点ではきちんと考えるべきですが、最終的に本ができあがる時に別のタイトルになったとしても、そこは編集者に任せて、著者はあまりこだわらなくていいでしょう。

もちろん、タイトルは、それ次第で本の売れ行きはガラリと変わってくるため、非常に重要なものであることは間違いありません。

しかし、それゆえにタイトル付けについては、各編集部の編集者が真剣に悩んでくれます。編集者の仕事の8割はタイトル付け……とまで言われることがあるほどです。

実際、タイトル付けには出版社自体が持っているマーケティングのデータや前例、さらに書店の反応や出版社の営業担当の反応に加え、編集者自身が持っている長年の勘や感覚など、様々なものがかかわってきます。

特にあるのが、その時の流行。

『さおだけ屋はなぜ潰れないのか?』という本が売れると『○○はなぜ××なのか?』という本が増えたり、『もしドラ』がヒットした途端にラノベ風の表紙のビジネス小説が増えたり、『嫌われる勇気』がヒットした途端にアドラー心理学に絡めたタイトルの本が増えたのは典型例だと言えるでしょう。

また、ビジネス書のジャンルというのも大まかに決まっているので、タイトルは「旬のキーワード＋ジャンル」となっているケースが大半です。

そうしたトレンドのリサーチなどは、やはりプロの編集者の方が敏感なもの。だからこそ、プロに任せてしまうのが一番の策なのです。

著者が力を入れるべき部分は別にある

そもそも、本を書く前の構想段階の時点から「絶対にこのタイトルが良い」というアイデアを持っている人は、ごくまれです。

また、そのタイトル自体も、プロの編集者から見れば「本当に売れるものなのか?」と首をかしげてしまうものであることも多いのです。

だからこそ、作家側はあまりタイトルについて時間を使う必要はないと言えるのです。「タイトルが思い浮かばないから書けない」なんて人はあまりいないはずですし、書き手にとっては、タイトルよりももっと力を入れるべき重要なものがたくさんあります。

そうした「著者が力を入れるべき部分」について、この後ご説明していこうと思います。

販促についても考えておくべき？

企画書にはビジネス的視点も重要

以前であれば、本は作ったら売れる時代ではありましたが、今は出版不況と言われており、積極的に「売る本」を作らなければ売れない時代でもあります。

そこで企画書には、コンテンツとして良いものを作るだけではなく、「この本を出すことで、御社にはこのくらいメリットがあります」というビジネス的視点も盛り込むことが重要になってきます。

・潜在読者はどのくらいいるのか（メルマガ、ＳＮＳなどのユーザー数なども参考に

なります）

・自分はどのくらい販促に協力できるのか
・在庫が残った場合、買い上げが必要な場合は、どのくらい実現可能か
・書店周りなどの協力の有無

以上のようなことについても記載しておくと、「この著者さんは売る気があるんだな」という誠意が相手に伝わるはずです。

18 どうすれば出版社にリーチできる？

主に5つのリーチ方法がある

では、せっかく書いた企画書を見てもらうには、どうしたらいいのでしょうか？

主な手段を紹介しましょう。

①出版社へ自力でアプローチ（ナンパ法）

まず、一番ストレートな方法は、自分で出版社をネットなどで調べて、連絡をし、企画を持ち込むパターンです。

とはいえ、無名の新人がいきなり出版社に電話して、企画書を持ち込みたいと伝えたとしても、十中八九断られます。

多くの場合は、「出版社宛に企画書をメールで送ってください」と言われるでしょう。この方法なら確実に編集者の目に入ることになるので、一番簡単な正攻法と言えるでしょう。

ただ、アクセスがしやすい分、こうした企画書の応募は毎日何通と編集部に届きます。

実際、私自身が某出版社の編集者さんに話を聞いたところ、こうした一般応募の企画書の場合、「100通のうち、だいたい企画が通るのは1通か2通程度」とのことでした。

リーチはしやすい分、ハードルは高い。

そんな一長一短を秘めているのが、この方法です。

ただし、あの有名なベストセラーである『夢をかなえるゾウ』の水野敬也氏や超量産型で〝週刊千田〟の異名を持つ千田琢也氏が最初の本を書いたのも、このナンパパターンがきっかけだったそうです。

また、私自身が大阪など地方でセミナーを開催した際には、参加者の中に数名、すでに本を出している、もしくは引き受け先が決まり今書いているという人がいました。彼らが本を出すきっかけも、「数十社にアプローチしました」というナンパパターンの方が多かったのが非常に印象的でした。

こうした前例が生まれている以上、あなたの本が持ち込みから大ベストセラーを生む可能性だって、決して否定はできないのです。

②編集者を探す

編集者に会えるのは、何も出版社経由とは限りません。

この手法は東京など首都圏限定かもしれませんが、「知り合いに編集者がいる人」を探していけば、必ずどこかで編集者に遭遇するはずです。

「自分の周りにはそういう人はいない」と思う人は、とにかく編集者がいそうなイベントや飲み会などに片っ端から参加してみてください。

友人伝いや知り合い伝いであれば、先方も好意的に企画をチェックしてくれることもあります。そこで仲良くなった編集者に企画を見てもらい、アドバイスをもらうことだって、できるはずです。また、その企画内容が良ければ、「じゃあうちから本を出しませんか?」と誘われることもあるでしょう。

また、ヒット本をたくさん出しているような「スター編集者」たちは、よくイベントやセミナーなどに登場することもありますので、お金さえ払えば会うことも可能です。ただし「スター編集者」と呼ばれる人は人気も高く「自分の本を編集してほしい」というオファーが殺到しています。いわば、一種のモテ期のような状態なので、倍率が高いことは覚悟してください。

③有名になる

テレビに出るような有名人や、高い業績を出した社長、賞を取ったスポーツ選手などといった人々は、何かと本を出すことが多いです。

これは、「有名人の話を聞きたい」「そういう風になりたい」と思う人が多いため、その人たちの自伝やハウツーをまとめると、多くの人が手に取ってくれるからです。もしもすでにあなたが有名人であれば、それをフックにして本を出すことは十分に可能です。

④エージェントに頼む

あらゆるビジネスにコンサルタントがいるように、出版にもコンサルタントがいます。そうした「本を出したい人」向けのエージェントというものも存在するため、こうした人たちに「商業出版をしたいのですが」と依頼すると、エージェントたちがあなたの話をうまく企画書にまとめてくれて、出版社の編集者を紹介してくれます。自分一人で出版を志すよりは、ずっと早く、確実に出版にこぎつけることができるのです。

エージェントの多くは元編集者だったりするので、出版社に通りやすい企画のコツやノウハウもたくさん蓄積しています。そのため、トレンドをしっかりとリサーチした「売れる本」の企画を作ってくれることも多いです。

ただ、デメリットとしては、「お金がかかる」という点です。1冊の本を出すのに、コンサルタント料として数十万円から数百万円支払う必要があります。

値段の幅は、一言で言えばサービスの差です。リッツ・カールトンのように高級ホテル並みのサービスを取り入れてくれるところは、当然料金は高いです。一方で、IKEAのように企画書の作り方などは教えてくれるものの、基本は全部自分で動かなければならないようなサービスを提供するコンサルタントもいます。

どちらがいいのかは、本人の予算と相性次第と言えるので、気になる人は、まず話だけでも聞きに行ってみてもいいかもしれません。

実際に話を聞きに行ってみて、1冊の本を出す対価として、その金額が安いと思える人は、ぜひ利用してみることをおすすめします。

私の出版社サンライズパブリッシングでも出版コンサル、エージェントの窓口をしています。

⑤自費出版する

そして最後は、冒頭でもご紹介したような自費出版という手段があります。

どうしても出版社にリーチできず、企画が通らなかったという場合は、自分の名刺代わりだと割り切って自費出版を行うのも一つの手。

ただし、非常にお金がかかりますし、先にも紹介したように、一般の流通には乗らないため、全国展開などはまず無理でしょう。

「売れる本を出したい」と思うのであれば、自費出版はできるだけ避けた方が無難です。

原稿は事前に書いておくべき？

手土産の「原稿」はこの上ない贈り物になる

編集者たちは、常に企画に飢えています。できることならたくさん本を出したいところですが、残念ながらそう簡単に本を作ることはできません。

なぜなら1冊の書籍を書くのはとても時間も手間もかかるからです。そのため、1冊分の本の原稿を執筆しておき、渡しておくと、もしもその編集者が現在抱えている原稿がなかった場合は、真剣に書籍化を検討してくれる可能性も高いです。

また、実際に原稿ベースで渡すことで、企画書だけではわからなかったニュアンスや情報が伝わり、より企画が通りやすくなるかもしれません。

編集者の転職直後は特にチャンス

特に喜ばれるのが、編集者の転職直後。

新しい出版社に異動した時などは、新しい環境で「どんな本を出せるのか」を試される時期。しかし、本を作るのには最低でも数か月はかかるため、異動したばかりのタイミングでは、まだすぐに出せる原稿は持っていません。

つまり、転職直後は、通常よりも編集者が「何でもいいから原稿が欲しい」と思っているタイミングなのです。

その時にある程度まとまって完成した1冊分の原稿を渡すと、特に喜ばれますし、何より、その本が書籍化される可能性も高いです。

だからこそ、日ごろから編集者と仲良くしておくことで、彼らの動向をチェックしておきましょう。

編集者について知っておくべきことは？

編集者にもそれぞれ得意ジャンルがある

新しい編集者と会った際、まず確認するべきは「その人がこれまでどんな本を出してきた人なのか」という点です。

編集者にはそれぞれ得意ジャンルというものがあります。ビジネス書が強い人もいれば、小説などの文芸が得意な人もいます。

さらに言えば、マンガの編集者と写真集の編集者では、考えていることや求めるものが全然違います。

つまり、その編集者がどんな本をこれまでに出してきたのかを確認してみて、そのジャンルに絡めた企画や、その人が好きそうな傾向の企画を出した方が、企画は通り良くなるのです。

ネットや国会図書館などでチェックしよう

なお、編集者がどんな本を出してきたのかは、直接本人に聞くよりは、ネットなどで事前に調べたり、国会図書館などでその編集者の名前で書籍検索をするなどして、チェックするのがおすすめです。

実際に本を見てみて、その本の良かったところを自分なりにまとめて相手に伝えたり、「○○さんの本を拝見して、ぜひこの人と本を作ってほしいと思ったんです」などと伝えておくと、より喜ばれるかもしれません。

21 どこに行けば編集者に会える？

誰でも必ず編集者には会える

ここまで読んでみると、「編集者という業種に会うのはさぞや大変なのでは」「編集者にはなかなか出会うことができないのでは」との疑念を抱いてしまうかもしれません。

でも、編集者は天上人ではありません。会おうと思えば、誰でも会うことができる普通の人です。

自分自身がアクティブに「編集者の集まる飲み会に行く」「編集者の開催するセミナーに行く」「編集者の知り合いをたどる」などの行動を取れば、必ず会うことはできます。

また、一人の編集者と相性が合わなかったり、自分の企画を受け入れてもらえなかったとしても、決して落ち込むことはありません。それこそ、編集者はたくさんいるので、その人とは相性が悪かったとしても、次に会った別の編集者とは相性が良い可能性もありますし、また、その人には自分の企画に興味を持ってもらえる可能性だってあるわけです。

編集者に会いたければ、東京へ行こう

ただ、地の利というものは必ず存在しており、地方よりも東京に編集者は集まっています。

やはり出版は東京の地場産業と言われる通り、大阪、名古屋などよりも、東京の方が編集者との遭遇率は高いでしょう。

もしもあなたが地方在住者であれば、できれば東京のイベントなどに足を運ぶことが大切です。そして、足を運んだら、必ず編集者と名刺交換をすること。

特にイベントなどの場合は、多くの参加者は東京在住。その中で、地方からわざわざやってきた人は人目を惹くため、相手の印象にも残りやすくなります。

何気ない接点を得るためにわざわざ地方から足を運ぶのは気が引けてしまうかもしれませんが、そうした機会を利用するだけで、編集者との接点は生まれていくはずです。

第4章

売れる本の「まえがき」「目次」全パターン

ベストセラー本に秘められた「読みたくなる秘密」とは？

「はじめに」には読書を引き込む「仕掛け」が必要

ここで、自分自身が出版するイメージが湧いてきたという方も多いと思いますが、本を出版しても読んでくれる読者がいないと始まりません。

あなたは、「売れる本」を作る必要があります。

少しでも売れる本に近づくために、どんな文章やどんな構成を作るべきなのか？

ベストセラー書となっている本の多くは、読書を引き込む「仕掛け」がほどこされています。その仕掛けとは、「自分にもできるかもしれない」「この人の言うことなら確かだ」と思わせる巧妙なテクニックです。

そして、それがもっともよく現れるのが、「はじめに」や「まえがき」です。ここで読者を一気に獲得する「つかみ」のテクニックが駆使されていることが多いのです。

この「はじめに」というのは、「この本はいったい何が書いてあるのか」を説明するもので、料理屋で言えばお品書きとか、もっと言うと、突き出しのような役割を果たします。

読者は表紙やタイトルという店構えや店名を見て暖簾をくぐりますが、「はじめに」がおもしろくないと、料理を食べてもらえない＝帰ってしまうものだと考えてください。特に最近のベストセラーになるビジネス書は「はじめに」に力を入れていますから、「はじめに」で読者をつかめるかどうかは非常に重要です。

代表的な「つかみ」はこの6パターン

では、どのようにしてつかめばいいのか？

私が分析したところでは、代表的な「つかみ」のパターンには「回想型」「予告三振型」「説教型」「自慢型」「ロジック型」「エモーショナルマーケ型」などがあります。

それぞれ説明していきましょう。

①回想型

回想とは、まえがきにおいて、過去を振り返る回想シーンが差し込まれる手法、パターンのことです。

ダイエットの本であれば「昔は自分も太っていた」、勉強の本であれば「昔は自分もバカだった」、お金持ちになるための本であれば「昔は自分も貧乏だった」、きれいになるための本であれば「昔は自分もブスだった」などと1回、自分を卑下して、「でも今は（本に書いてある）この方法で〜になったんです！」とアピールします。

この方法は、成功者や美人で仕事もうまくいっている人でも昔は苦労していた、こんなコンプレックスがあったという告白をすることで、読者に親近感を覚えさせる効果があります。

例えば、美人で頭が良くて仕事もできる女性が、上から目線で、「私は仕事もできるすごい人です。だから私の言うことを聞きなさい」というスタンスだと、総スカンを食ってしまうのは言うまでもありません。

だから、1回、自分のことを落として、落として、落として、「でも今は……です」と、笑顔で振り返るイメージで書いてあります。

例えば最近では美人著者として知られる、小室淑恵さんの本などでこの手法が使われています。

彼女の姿は、実は十数年前の私の姿でもあります。

今では、起業と同時に子供を出産し、仕事もプライベートも楽しみながら毎日を過ごしていますが、私は大学3年生まで、専業主婦になるのが夢でした。

（中略）そんな私が、現在では会社を経営しながら、夫と子どもに囲まれ、自分なりに充実した人生を送れるようになったのは、「ワーク（仕事）」と「ライフ（プライベート)」はむしろ相乗効果の関係なのだという、発想の大転換をしたからです。

それが、ワーク・ライフバランスという考え方です。

『キャリアも恋も手に入れる、あなたが輝く働き方』(小室淑恵、ダイヤモンド社)

これは母校の講演会で、ある女子大生に「日本の企業で女性が出世するのは困難だからあきらめかけていた」と言われた小室さんが昔を回想しているシーンです。

また、最近の例だと、例えば『なぜ一流の男の腹は出ていないのか?』が、40歳の時に83キロの「どこから見てもメタボ体型」であったという告白から始まっています。

そしてダイエットを決意して、実に様々なダイエットに挑戦するのですが、「だらしない性格だった当時の私には3日と続かなかった」と書かれています。そんなある日、「私の人生を変える出来事」が起こったのだそうです。


当時の私の上司は体重100キロを超える超巨漢。しかも、私がもっとも苦手としている人だった。その上司が私の腹を見ながら、自分の腹をポンポン叩きこう言ったのだ。

「はーはっはっ！　おまえも俺と同じだな！」

そのとき、私の中で何かが弾けた。

「あなたにそこまで言われたくない！」

と、実際に言えたわけではないが、心の中で叫んだ。

人生をあきらめかけていた私に「悔しい、絶対に見返してやる」という感情がわいてきたのだ。

『なぜ一流の男の腹は出ていないのか？』（小林一行、かんき出版）

どうでしょうか。思わず続きが読みたくなる見事な回想パターンだと言えます。

②予告三振型

現実のプロ野球ではまずお目にかかりませんが、野球マンガではおなじみなのが予告ホームランです。主人公のピッチャーに対して、宿命のライバルキャラのバッターが「今からホームランを打つ！」と宣告するというパターンでもあります。

予告三振とは、逆にピッチャーの方から、「今からおまえを三振させる！」と相手を挑発するもの。言うまでもなく、「俺が三振する！」とバッターが予告するパターンではないので注意してもらいたいところです。

そうじには〝力〟があります。その力を使ってそうじをすると、確実に効果が表れます。その効果とは、人生における様々な悩みや問題の好転、事業の繁栄、幸せな家庭、夢の実現（後略）

『夢をかなえる「そうじ力」』（舛田光洋、総合法令出版）

こんな風に「あなたは『そうじ』をするだけで仕事から恋愛からお金のことまで、人生すべてうまくいく！」と予告三振する。

すると、「そんなバカな！」と思った読者は続きが読みたくなって思わず本を買ってしまう、という仕掛けです。

この本では、なぜトイレそうじに、そんな無敵な力が宿っているのか科学的に証明されるわけではありません。しかし、あらゆる事例を紹介しながら、「トイレそうじ」（に限らないが）の不思議な力を紹介しています。

また、最近では今や海外でも大ヒット中の『人生がときめく片づけの魔法』などは典型的なケースでしょう。実際に冒頭から、「この本は、『一度片づけられたら、絶対に元に戻らない方法』を書いた本です」と力強く宣言しています。さらに、次のように書いています。

私の考える片づけ法は、これまでの整理・整頓・収納術の常識からすれば、かなり

非常識です。ところが、私の個人レッスンを受けて卒業した人は全員が、きれいな部屋をキープし続けているのです。そして、その結果、さらに驚くべきことが起きています。それは、片づけした後、仕事も家庭も、なぜか人生全般がうまくいきはじめるのです。じつはこれが、人生の八割以上を片づけに費やしてきた私の結論でもあります。

『人生がときめく片づけの魔法』（近藤麻理恵、サンマーク出版）

このように、予告三振とは、「まえがき」で「この本を読むとあなたは～になってしまう」と予告しているパターンです。

例えば「～になれる魔法の〇〇力」などというタイトルが付いているケースが多いでしょう。

③説教型

説教型とは、文字通り、ページを開くや否や、著者より強烈なお叱りの言葉＝説教を浴びせられてしまう、というパターンです。

彼らがそのようにビジネスで使えない人間になった理由は明らかです。退社後は同僚と居酒屋、電車ではスポーツ新聞、帰宅すると缶ビールとプロ野球……。ビジネス書を読むこともなく、セミナーに通うこともなく、向上心はほぼゼロ。会社に入ってから20年、30年が経ち、時代が変わり、ビジネスパーソンに求められるスキルが大きく変わっているのに、ほとんど何も新しいスキルを習得してこなかったからです。つまり、今まで自分自身にほとんど何の投資もしてこなかったのです。

『「1日30分」を続けなさい！』（古市幸雄、マガジンハウス）

これは、最初の2行が当てはまると要注意です。思わずドキッとしたところで、「何であなたは1日30分も勉強できないのか？」というごもっともな指摘を受けると、思わず「古市さん、ごめんなさい！」と心の中で謝ってしまいそうになります。

なぜ、金を払ってまで説教を受けなければいけないのか、という理不尽さもさることながら、「勉強しないと」「賢い人が賢くない人からどんどん搾取する」（勝間和代氏）など、恐怖心をあおるようなものが多いため、ついつい手にとって読んでしまうのです。

ただし、反感を持たれては買ってもらえないので、その隙も与えないほど呪文のようにロジカルに説教をしまくるテクニックが要求されます。その分、破壊力は抜群です。

最近の例であれば、幻冬舎社長、見城徹氏の『たった一人の熱狂　仕事と人生に効く51の言葉』（双葉社）が挙げられます。

まず、表紙からして、見城社長がなぜか激怒したような表情でにらみつけてきています。

中身も「癒着に染まれ」「一撃必殺のキラーカードをつかめ」「スランプに浸かれ」「野心なんか豚に食われろ」「金がすべてだ」など、「すべてのビジネスマンの心臓に突き刺さる見城徹魂のメッセージ」というアマゾンの紹介を見ただけで、きわめて怒られたい人向けの本だとわかります。

④自慢型

これは文字通り自慢がこれでもかとばかりに書き連ねられているパターンです。

資格・公認会計士2次試験に大学2年生、19歳の時に合格（当時史上最年少記録）。オンライン情報処理技術者試験（現在のテクニカルエンジニア試験）に23歳の時、1回目の受験で合格。（中略）受賞暦・アメリカの経済紙ウォール・ストリート・ジャーナルが選ぶ「世界の最も注目すべき女性50人」に05年に選出。（長いので中略）学歴・慶應義塾大学商学部卒業までは、中等部からエスカレータ方式だったため（かなり長いので後略）

『効率が10倍アップする　新・知的生産術』（勝間和代、ダイヤモンド社）

右の文例は勝間和代氏ですが、とにかく自慢が長い！　あまりにも長いので途中途中で省略しているにもかかわらず、この長さです。

「そんなに自慢したいのか？」と半ばあきれてしまいますが、これは承諾営業のテクニックの一つであると解釈すると「こんなすごい僕の言うことだから聞きなさい」という「権威付け」の効果を生むことに気づきます。

やり過ぎに注意ですが、著者の「キャラ立ち」という観点から言うと、今までの経歴から何か売りになる部分がないか考え、プロフィールにストーリー性を持たせるテクニックは必要です。

ちなみに、『東大首席弁護士が教える超速「7回読み」勉強法』（山口真由、ＰＨＰ研究所）という本があって、いかにも「自慢型」の雰囲気なのですが、こちらは「頭の回転が人並み外れて早いわけではなく、発想力がずば抜けているわけでもなく、むしろそのどちらとも平凡な私は、この「勉強の力」だけを頼りにここまで進んできました」とあり、意外にも「謙虚型」なのでありました……。

⑤ロジック型

ロジック型とは、『さおだけ屋はなぜ潰れないのか?』(山田真哉、光文社新書)『なぜ、社長のベンツは4ドアなのか?』(小堺桂悦郎、フォレスト出版)『餃子屋と高給フレンチでは、どちらが儲かるか?』(山田真哉、PHP文庫)など、誰もが言われてみればなるほどと思うような「あるある」を見つけて、ロジックを繋いでいく手法です。

なぜ~~~は~~~なのか? それは~~~で~~~だからです。
例を挙げると ①……、②……、③……などがあります。
それぞれ①は◯◯、②は××、③は△△なのです。
しかし、~~~と思うでしょう。だが実は……

このように、ロジックをどんどん繋げて「まえがき」を構成していきます。

例えば、たまたま僕の第一作もこのロジック型です。

それほどまでに『成功本』が氾濫し、多くの人が『成功本』を読んでいる中で、一つ疑問がある。それは……『成功本を読んでいるのに、なぜみんな貧乏なのか？』ということである。

『成功本50冊「勝ち抜け」案内』（光文社、水野俊哉）

実はこの本のタイトルは『なぜ成功本を読めば読むほど貧乏になるのか？』だったのですが、タイトル会議で「それでは、あんまりだ。もう少し前向きな方向にすべき」という物言いが付き、『成功本50冊「勝ち抜け」案内』になったという経緯があります。

⑥エモーショナルマーケ型

エモーショナルマーケ型とは、人の心を激しくゆさぶるような文章のテクニックです。

この手法は、もともとは情報商材のセールスレターなどに用いられていたもので、その元となるダイレクトマーケティングの本として、ジェイ・エイブラハム著『ハイパワー・マーケティング』（インデックス・コミュニケーションズ）や、ダン・S・ケネディ著『究極のセールスレター』（東洋経済新報社）、ジョゼフ・シュガーマン著『10倍売る人の文章術』（ＰＨＰ研究所）なども翻訳されて一部では有名になっています。

ビジネス書の世界では、神田昌典氏などの昔の本、特にフォレスト出版の本が有名ですが、今や普通の多くのビジネス書に使われるようになっています。

例えば以下のような文例がその代表的なものになります。

お金持ちは、なぜお金持ちなのでしょうか？　モテる人は、なぜいつでもモテるのでしょうか？

幸せな人には、なぜ幸せなことばかりが起こるのでしょうか？　その秘密を、これからたった一行で教えます。覚悟して読んでください。

『人生を変える！「心のブレーキ」の外し方』（石井裕之、フォレスト出版）

ちなみに、この本は次のように続きます。

お金持ちがなぜ金持ちかというと……お金持ちだからです。
モテる人がなぜモテるかというと……モテる人だからです。
幸せな人がなぜいつも幸せかというと……幸せな人だからです。
『人生を変える！「心のブレーキ」の外し方』（石井裕之、フォレスト出版）

まさに、そんなバカなと言いたくなるような人を食った文章でありますが、これぞダイレクトマーケティングの真骨頂とでも言うべき文章表現です。

実は私自身も情報商材のセールスレターを研究したことがあるのですが、例えば「年収150万円の僕がナンバー1キャバクラ嬢と付き合えた秘密」など、だいたい、金か異性が簡単に手に入る、という内容に特化しています。商材自体は高額ですが、セールスレターページを見るだけなら無料なので、皆さんもネットで調べてぜひ読んでみてください。驚くほどの類似点があることがわかるでしょう。

続いて神田昌典氏の本の例です。

タイトルが気になったから？　ピンクの表紙が目立ったから？　何となく無意識のうちに？　実は、この本には、あなたが、手に取るような仕掛けがしてあったのです。ということは、あなたはもうすでに、エモーショナル・マーケティングの魔法にかかっているのです。この本は、その魔法を公開します。非常にパワフルな方法です（後略）

『あなたの会社が90日で儲かる！』（神田昌典、フォレスト出版）

これらの手法は、ダイレクトマーケティングという情報商材などのセールスレターのテクニックに通じる部分があります。

ちなみに社会心理学者ロバート・B・チャルディーニ著『影響力の武器』（誠信書房）では、承諾営業でイエスを引き出すために、次のような人の心理を巧みに利用した代表的な６つの戦術が挙げられています。

・返報性（一度イエスを言うと、後でノーと言いづらくなる心理）
・一貫性（自分が行った言動を一貫させたいという欲求）
・社会的証明（「他人が何を正しいと思っているか」に基づいて物事を判断したがる心理）
・好意（自分が好意を持っている相手に頼まれると、ほとんどイエスと言ってしまう心理）
・権威（権威者の命令に従うか否か、人はそれほど悩まない）
・希少性（手に入りにくくなると、その機会がより貴重なものに思えてくる心理）

もともと宗教の勧誘や役に立つかも怪しいような高額な商品を買わせるテクニックなので、威力は抜群です。

優れたビジネス書の目次のパターンとは？

目次も大切な判断材料になる

皆さんはビジネス書を購入する時に、購入するかどうか一つの判断材料として、目次全体に目を通す方も多いのではないでしょうか？

中には目を惹く目次や、「ここのページ、読んでみたい」と思わせるような目次がありますよね。

とはいえ、いざ自分が出版するとなると「どういう順で目次を決めればいいかわからない」という人も多いはずです。そこで、売れるビジネス書の目次の書き方について、お話していきたいと思います。

ビジネス書の目次の7大パターン

「はじめに」と同じく、ビジネス書の目次というのも、基本的にはパターン化されています。こちらも私が分析したところ、ビジネス書で優れている目次は、全部で7パターンあることがわかりました。

①タイトル落とし込み型
②総論→各論型
③数字パターン
④ホームページ型
⑤生い立ち型
⑥エッセイ型
⑦秘密型

一つずつ解説していきたいと思います。

①タイトル落とし込み型

その名の通り、本のタイトルがそのまま目次に関連しているタイプの構成のことを指します。

例えば、本田直之氏の『レバレッジ・シンキング』（東洋経済新報社）の目次が、この構成に当てはまります。こちらの本の目次は、以下のような構成になっています。

第1章　常にレバレッジを意識せよ

第2章　知識のレバレッジ
第3章　労力のレバレッジ
第4章　時間のレバレッジ
第5章　人脈のレバレッジ

このように、第1章でレバレッジの重要性を説明した上で、第2～5章の各章ごとに知識・労力・時間・人脈のレバレッジについて説明しています。この工夫がベストセラーの特徴とも言えますね。

②総論→各論型

こちらは総論を述べてから、それぞれの論題の説明に移るという構成です。

ここでは『勝間和代のビジネス頭を創る7つのフレームワーク力』（ディスカヴァー・トゥエンティワン）の目次を例に挙げてみます。

第５章　三つめの力　視覚化力
第６章　四つめの力　数学力
第７章　五つめの力　言語力
第８章　六つめの力　知的体力
第９章　七つめの力　偶然力

　このように、最初の第1～2章で本の総論を述べ、第3～9章の各章にかけて、第1章と第2章の内容が具体的に説明されています。

③数字パターン

　数字パターンとは、ベストセラーになっている『7つの習慣』（スティーブン・R・コヴィー他、キングベアー出版）のような、「3つの～」「5つの～」という本のタイトルの数字が目次の構成に使われているパターンになります。様々な書籍で用いられている、王道の目次パターンと言えるでしょう。

例えばワタナベ薫さんの『なぜかお金を引き寄せる女性の39のルール』（大和書房）の目次も、このパターンが当てはまります。

第1章　お金を引き寄せるために知っておきたいこと

（中略）

Rule5　執着のある節約は貧乏になっていく

Rule6　「自然の法則」は出してから入る

（中略）

第2章　そのブロックを外した瞬間、世界は変わる

Rule11　どんどんお金の話をしてみよう

（後略）

④ホームページ型

ホームページ型とは、その名の通り目次がホームページのコンテンツのような構成になっているもので、特に女性の著書に多いパターンになります。

例えば著者のホームページに写真付きのプロフィールや日記があれば、それをそのまま本の構成に用いた上で、著者がどのような人なのかを説明します。それから、専門分野の説明に入るのです。

この目次構成で本を書く場合は、「はじめに」や第1章の部分で生い立ちや経歴を説明し、その後に本題に入るという流れが、ホームページ型の目次を作るコツです。

⑤生い立ち型

生い立ち型とは、著者の生い立ちがそのまま本の内容になったものです。

近年のヒット作の中では、映画化もされた坪田信貴の『学年ビリのギャルが1年で偏差値を40上げて慶應大学に現役合格した話』（KADOKAWA）が代表作と言えるでしょう。

この生い立ち型では、第1章で自分の幼少期時代の話、第2章で大学入学など、各章ごとに人生の節目となるような内容を書いていきます。

⑥エッセイ型

エッセイと聞くと、文芸ジャンルの作家などが書くような本だと思われていましたが、最近ではビジネス書でも用いられることが多くなりました。その代表格が千田琢磨氏です。彼の本は月1冊以上のペースで発行されています。もし興味のある方は、どれか作品を手に取ってみると良いでしょう。

エッセイ型の目次は、読者が思わず読みたくなるような構成になっているのが特徴です。例えば里中李生氏の『男と女は打算が9割』(あさ出版)の目次は次のようになっています。

第1章　その一言にはウラがあるこれが人間関係の真実だ
・男女の関係は駆け引きが9割、打算そのものだ
・「見た目も収入も気にならない」という言葉を信じるな
・食事の誘いにはウラがある
・打算的な人ほど善人になる
・約束を破られる人の考察

目次を読むだけで、興味を惹くような内容が多いと思います。

⑦秘密型

秘密型とは、本全体を通じて「秘密」が語られるものです。例えばロンダ・バーン氏の『ザ・シークレット』（KADOKAWA）が当てはまります。

とはいえ、最初からいきなり秘密が語られるわけではなく、最後まで、その本が言

いたい「秘密」が書かれていないのが特徴です（中には最後まで秘密が謎なままの本も）。

この7パターンが、私がこれまでに分析してきた目次の大きなパターンです。

もちろん、これらに当てはまらないものもあるでしょうが、ここまで読んでみただけでも、目次だけでも、実に色々なパターンがあることが、よくわかったのではないでしょうか。

そして、読者の心をつかむのに「はじめに」と「目次」が重要というお話をしましたが、もちろん本編も重要です。次章では、売れる本の「本編」のコツについてご紹介していきます。

第5章

売れる本の「本文」全パターン

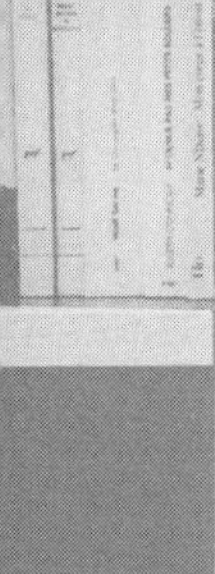

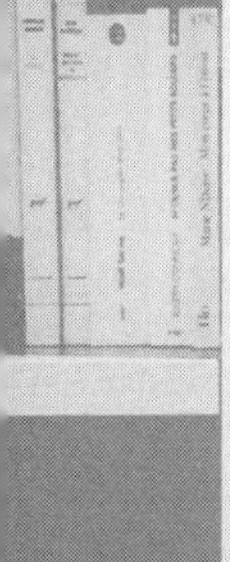

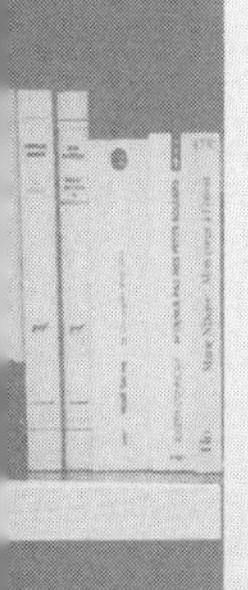

ビジネス書で必要とされる文章術とは？

大切なのは「わかりやすく伝える」ということ

ビジネス書を書くにあたって、テクニカルな部分からお話すると、次のようなことを考えておく必要があります。

①ゴールセッティング
②タイトルとまえがき
③章立てと構成
④ベストセラーの文章術

⑤キャラ立ち
⑥セールスプロモーション

ここまでの章で①~③については説明しました。

この章では、④⑤のライティングのテクニックや基本について解説していきます。

小説や詩などと違い、ビジネス書や実用書にとって大切なのは「わかりやすく伝える」ということ。「読んだ人を楽しませる」「感動させる」という目的よりは、正確な知識が相手に伝わることが最優先されます。ここで紹介するテクニックは、そのためのテクニックだと思ってください。

売れているビジネス書には共通するパターンがあります。「学ぶとはまねぶ」だとよく言われますが、素人がまったくの独創的な方法でベストセラーを目指すのは愚の骨頂です。まずは、確実に売れているパターンと言うか、売れている本を書いている著者のフレームワークを学び、自家薬籠中のものとすべく、徹底的に研究しましょう。

2 人を引きつける文章はどうやって書く？

他人の文章を「真似」してもオリジナリティは出せる

誰でも人の心をつかむような売れる文章を書いてみたいと思うでしょうが、まずはＴＴＰしてみましょう。ＴＴＰとは、「徹底的にパクる」ことの頭文字です。

先ほども書いた通り、職人の世界では習うより慣れろ、です。学ぶの語源はまねぶからきています。これから現在、売れに売れている著者の代表的な文章のパターンを引用するので、ＴＴＰもしくはモデリングしてください。

……と、その前に。文章術について、補足しておきます。

まず、売れる本の文章にとって大事なことは何でしょうか？

それは「オリジナリティ」です。

さっきTTPしろって言ってたじゃないか、とツッコミが出てきそうではありますが、素人が独創性を追求すると、往々にしてとんでもない大失敗をおかしやすいので、まずはTTPもしくはモデリングしてフォーマットを体得した方が良いということです。

例えば、あなたが私、水野俊哉の文体をTTPすることに成功したとしましょう。それはモノマネでしょうか、二番煎じでしょうか。私はそう思いません。「主語と口調」と「たとえ話」さえオリジナリティがあれば、あなた独自の文章は成立するのです。

キャラと口調を一致させよう

この場合、主語と口調というのがポイントです。

主語とは何か？　私、俺、僕、小生、某、拙者、オイドン、我など色々ありますが、ビジネス書で「拙者」とか「オイドン」など奇想天外な主語を使えばオリジナリティが出ますよ〜なんて話では当然、ありません。

後の「キャラ立ち」で設定するUSPを生かしたキャラ＝主語なのです。

なぜ、キャラ立ちが大事かと言うと、オンリー1のネーミングや肩書、もしくは若干、誇張した経歴で権威付けてブランディングしやすくなる、というセールスの部分にばかり目を向けがちですが、玄人は違います。

あくまで「キャラ立ち」した自分という主語と語っている内容が一致しているからこそ、文章に説得力が生まれ、ひいては本が売れるのです。

つまり、バリバリの営業マンという設定のキャラ立ちをしているのなら、口調も「なぜ御社の営業が売れないか、それは……」とあくまでナンバー1営業マンのキャラで通すべきだし、「みんな営業って苦手だと思うんです、だからマーケティングが大事です」という方向に話が進みだすとすごくマズイことになります。

つまり、あの呪文のような畳み掛けるようなロジカルな口調も「勝間和代」というキャラ立ちがあるから通用するわけで、こんまりさんみたいなキャラであのような文章を書き出したら、ファンですら引いてしまうと思われます。

ちょっとこの章の本題に入る前に横道にそれてしまいましたが、オリジナリティに主語と口調が大事っていうのは、何となくわかってもらえたと思います。

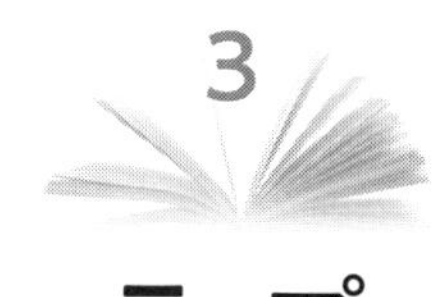

3 プロも使うライティングのテクニックとは？

11パターンのテクニックを駆使しよう

これからライティングのテクニックについて述べます。

同じライティングでも「読んだ人を楽しませる」「感動させる」など目的は様々ですが、ここでは「わかりやすく伝える」ことを目的とした「書く」テクニックだと思っていただきたいです。

したがって、小説や詩などではなくて、実用書、ビジネス書・一般書なども含めて、わかりやすく伝えるためのテクニックとしてよく使われているものを解説します。

「プロとはプロの使うテクニックを持っている人たちのことである」

どのジャンルでも共通することとして、プロと素人の違いというのは、プロが使っているテクニックを素人は知らないということです（マインドや共通言語の部分も大事ですが）。

書く仕事についても、プロの方がよく使っているテクニックがあります。皆さんが何か書こうと思っているテキストがあったとして、それをどういう風にわかりやすく伝えるのかのテクニックを、パターン別にこれから解説していきましょう。

今回は11パターン用意しています。

①極論を言う
②極端な設定にする
③拡大か縮小をする
④特定のジャンルに置き換える
⑤キャラクターを立てる

⑥場面や状況を描写する
⑦パターン化する
⑧しゃべり口調で書く
⑨英訳して頭文字を並べる
⑩セールスレターっぽく書く
⑪パクる

①極論を言う

「極論を言う」というのは、何かを説明するために極端な例を挙げるテクニックです。

例えば「勉強が大事かどうか」などという難しい問いに対して「数字が読めなかったらどうするんですか?」「文字が読めなかったらどうなるんですか?」など、極端な例を挙げてみるのが極論パターンです。すると、「本も読めませんね」「計算できませんね」となり、本質的には勉強は不可欠であることが何となくわかるのです。

同じように「お金が必要かどうか」という問題を考えてみましょう。もちろん資本主義社会で生きる上でお金は必要不可欠ですが、どの程度の重要性があるかということです。

例えば家賃や生活費としてお金が必要だといった時に、「銀行強盗してでも必要なんですか？」など極端な例を挙げるのです。

有名な『人生がときめく片づけの魔法』（近藤麻理恵、サンマーク出版）の「ときめくかどうか」というのも極端な例ですが、そう言われてしまうと反論のしようもないのも事実です。『わたしが神様から聞いたお金の話をしてもいいですか？』（井内由佳、総合法令出版）と言われたら、「はい、喜んで！」としか言いようがありません（ちなみに私はこの本が大好きです）。

昔、会社を経営していた頃、ある事業を開始するための資金調達の必要性についての経営会議を開いていた時のこと、私はどうしてもやりたかったのですが、ある経営幹部から、「社長、そのお金は銀行強盗してでも必要ですか？」と言われ、絶句したことがあります。

そう言われてしまうと確かに、銀行強盗してまでスタートしなければいけない事業などそうそうあるわけもなく、冷静に考えることができました。

それ以来、何かを考える際に一番極端な例から考えるようにしているのですが、これは文章を書く際にも役立っています。

②極端な設定にする（コントパターン）

私の出版セミナーでも、会社で働いている受講生が社内であった色々なエピソードを企画書に書いていることが多いのですが、こうした社内エピソードは、残念ながらだいたいつまらないです。

キレると日本刀を振り回す社長がいるとか、男の部下をモデルガンで撃つのが趣味で女の部下には必ずセクハラをする編集長がいるとかなら多少は驚くかもしれませんが、残念ながら「これはどこの職場でもあることかな」と思ってしまうのです。

こういうケースではコントのように、例えば「もしも会社が監獄だったら」といった極端な設定で考えてみるといいでしょう。

「牢屋で快適に暮らすには人間関係が第一。まずは誰が偉いか見極めて、牢名主には元気良く挨拶しましょう」とか「監獄の基本は時間厳守です。遅れるとひどく叱られますので5分前行動を心がけましょう」「獄中では整理整頓が大事です。もしも清掃ができていないと懲罰を与えられることもあります。懲罰が重なると出所が遅れますので、所内のルールを守りましょう」などと書いていくと「なんだか会社と似ているなあ」という感じになってきます。

以下、取り調べは入社試験のようなもので、犯罪者としての適性、資格を満たしていないと無罪で釈放されてしまうとか、きちんと満期（定年）まで勤め上げてると出所金をもらって第二の人生が歩めるなど、まるで監獄が社会の縮図みたいな話になっていきます。

このように、あえて極端な設定で書いてみるのがコントパターンです。

例えば「明日死ぬとしたらどうしますか?」「もしも手元に3億円の現金があったらどうしますか?」などと問う自己啓発書も多いですが、これらも極端な例です。しかし、極端な問いかけにより、今日すべきことは何か、自分にとって本当に大切なことは何なのかがわかるのです。

「朝起きたら枕元に札束3億円ぐらい積まれています。何でも使えますよ、どうしましょうか?」という問いかけは「あなたの夢は何ですか?」を明確にしてくれる、極端な問いかけなのです。

③拡大か縮小をする

『世界がもし100人の村だったら』(池田香代子、マガジンハウス)のように、物事を拡大したり縮小するパターンです。

スケール(物事の縮尺)を大きくしてみたり、小さくしてみたりすることによって伝わりやすくなることがあります。

トマ・ピケティの『21世紀の資本』(みすず書房)が話題になっていますが、これも『世界がもし100人の村だったら』パターンで、99人が貧しくて、1人だけが資本を独占する村で考えてみるとわかりやすくなります。

99人が働いて得るお金よりも、その1人のみが持っている資産だけがどんどん増え、残りの99人は貧しいまま。そんな状態では、まさにピケティが『21世紀の資本』で指摘しているように、金持ちに課税するか、戦争のどさくさで金持ちの資産が没収されるでもしないと、格差は広がっていくことがわかるでしょう。

④得意なものに例える、野村監督パターン

これは、ヤクルトや楽天イーグルスで監督を務めた野村克也氏から名づけています。野村監督は、「勝ちに不思議な勝ちありでも、負けは不思議な負けなし」など野球のプレーとか勝負に絡めて、けっこう人生的な深い話をする印象があります。

また、何でもギャンブルに例えちゃうおじさんがいます。「これが競馬だったら〜

〜だよ」のように。

文章を書く時も、自分の好きなジャンルで例えていると不思議と伝わりやすく、個性も出ます。著者も、その人なりの「たとえ」が個性になっていることが多いです。

かく言う僕はサッカーが好きで、よく例に出しています。

『トップ1％のサッカー選手に学ぶ成功哲学』（すばる舎）は、「言葉ではなく態度で見せる」「勝者のメンタリティを持っている」「思考は現実化する」「原因と結果の法則を活用している」など、サッカー選手のエピソードに結びつけて成功哲学を書いています。

自分の得意なこと、大好きなことに例えてしまいましょう。

⑤キャラクターを立てる、北方謙三パターン

『試みの地平線』のパターン、と言っても、おそらく30歳以下の人はまったく意味がわからないと思います。

昔『ホットドッグ・プレス』（講談社）という若者が読むマニュアル雑誌があって、『試みの地平線』という名物コーナーがありました。北方謙三というハードボイルド作家が、「おい、小僧ども！」といった調子で読者に語りかけるのですが、何かと言うとすぐ「ソープに行け！」が結論でした。

今だったら女性蔑視などという評判にさらされかねませんが、いわゆる恋愛に悩んでいる若者に、「何でおまえらは傷つきやすいんだ！」「ソープに行ってこい！」というお約束の回答は、不思議な力強さを持っていました。要はキャラクター化するのです。『フライデー』（講談社）に連載された清原和博の「番長日記」などもキャラクター化の好例です。「おう、ワイや！」と、番長キャラで勝手に記者が書いて見事にハマってしまったのです。

書いている時に、思いっきりキャラを立ててしまうという方法もあるということです。例えば、ＳＭの女王様になりきって決め台詞が「ぶっちゃいなよ！」とか、あるいは思いっきりホストキャラにして、キザなことを言うかっこいいような感じにするのも良いかもしれません。
プロで言うと、「恋愛体育教師」（水野敬也が恋愛体育教師「水野愛也」として世の男性に恋愛の手ほどきをするシリーズ。『LOVE理論』（大和書房）など）は昔のホットドッグっぽいテイストでした。男性向けの週刊雑誌などに昔から伝わる伝統的な手法の一つでもあります。

⑥場面や設定を描写する、映画パターン

私の著書『幸福の商社、不幸のデパート』（大和書房）は、冒頭で、真夏の暑い中で借金取りが来ている家で、何もできずに寝ている。しかもその瞬間にも借金取りが増え続けているという、最悪のシチュエーションから物語がスタートします。

ピンポーン、ピンポーンと、遠くでチャイムの鳴る音がする。
棺の中で横たわっているような感覚だった。土の中はひどく蒸し暑く、だらだらと

背中を汗が伝っていく。

部屋の中には真夏の濃密な熱気が漂っている。

この夏の東京は、最高気温が38度を超える日が連日続き、ビルとアスファルトの道路に囲まれた都心部は、フライパンの上で生活しているような暑さだった。

もう午後の時間であることは間違いない。

「おーい」と声が聞こえた気がした。

「水野さーん」ドンドンとドアを叩く音。「〇〇ファイナンスです」

甘く溶ける死体となった僕を借金地獄という過酷な現実へ呼び起こす、容赦のない債権者の声だ。夢から醒めた僕は、いったいどこへ行けばいいのだろう。

僕は3億の負債を抱えていた。遅延損害金などを考えると、ただこうしてじっとしているだけで月に200万円近い額の借金が増えていく。

僕の認知を超えた現実も到底受け入れることができなかった。

もう何もする気力もなかった。

『幸福の商社、不幸のデパート』（水野俊哉、大和書房）

もしかして勝ち組とか何だと言ってベンチャーで調子乗っている人よりも、その人からは不幸に見えるデパートでレジを打っている人の方が、人生で一番大切なことに気づいているのではないか、ということを言いたかったのです。

そして、昔は借金取りに追われた時もあったが、今は時間とかも気にせず好きなところでやれている、というところから入っています。

伝えたいテーマに関する象徴的なシーンを思い出して書いてみると良いでしょう。

⑦パターン化する、トリセツパターン

パターン化して細かく説明していく。つまりはトリセツ（取扱説明書）のようなパターンです。ゴールセッティングのパターン、「はじめに」のパターンとか、文章でわかりやすく物事を伝えるためのパターンなどです。

ビジネス書でよく見られるのは、「5つの〜」とか「7つの〜」といった調子で、パターン化した説明をナンバリングして打ち出す手法です。英語の学習方法で言えば、しゃべる時のパターンとか、発音のパターンとかリスニングのパターンなど、パターン化して細かく説明していきます。

『伝え方が9割』（佐々木圭一、ダイヤモンド社）では、伝え方について次の5つの方法を紹介しています。

①サプライズ法（「!」などを付ける）
②ギャップ法（正反対のワードを前半に入れる）
③赤裸々法（口、のど、息づかい、肌などカラダの反応をワードに入れる）
④リピート法（繰り返し、聞き手の記憶にすり込む）
⑤クライマックス法（いきなりメインの話をせず、「ここだけの話ですが」といった前置きを入れる）

これも、パターン化の例だと言えるでしょう。

⑧講義録パターン

何かをアウトプットする時に、まずしゃべってそれを文字に起こし、文章にしていく。これを「講義録パターン」と呼んでいます。講義、あるいは講演などを録音して文字起こしして整えたものです。

したがってしゃべり口調で書かれた体裁になります。

典型的な講義録パターンの例としては、マイケル・サンデル『これからの「正義」の話をしよう』（早川書房）や、斉藤一人さんの本、予備校の実況中継シリーズなどが挙げられます。

これら講義録パターン、すなわち語り起こしの文章は、読んでいて引き込まれていくような、推進力とでも言うようなものがあるように感じるケースが多いでしょう。

実はちょっとしたタネ明かしかもしれませんが、この本自体が、いくつかの部分はセミナーでしゃべったことを書き言葉に変えている「語り下ろしの見本」となっています。

似たようなパターンで対話型もあります。最近だとみつろうと神さまが対話する『神さまのおしゃべり』(さとうみつろう、ワニブックス)や、哲人と若者が問答する『嫌われる勇気』(岸見一郎、古賀史健、ダイヤモンド社)は、どちらもヒットしています。

⑨英訳して頭文字を並べる、外資系コンサルタントパターン

勝間和代さんがブームの頃、MECE(ミッシー：Mutually, Exclusive, Collectively, Exhaustive の頭文字。無理なく、無駄なく、ムラなく問題を解決する、ロジカルシンキングの手法)という言葉がはやりました。

本田直之さんもKSF(キー・サクセス・ファクター)とかDMWL(Doing more with less：最小の努力で最大の効果)といったタームをさかんに使っていました。

ＫＳＦなどは、要は「成功するために本当に大事なこと」と言ってしまえばいいのでしょうが、１度英語にしてから頭文字だけ並べるわけです。言葉に強みを持たせたい時や、オリジナルのメソッドなりを目立たせたい場合に、あえて英訳してその頭文字を並べて主要なキーワードとして用い、広めるのです。

⑩セールスレターっぽく書く、エメラルド・オーシャンパターン

これは「エメラルド・オーシャン」パターンと呼んでいるのですが、情報商材などのセールスレターで使われるパターンです。

「あなたは南の島にいて、真っ白な砂浜と、エメラルド色の海を見ながら、ピナコラーダを飲んでいます」とか、よくわからない設定で始まり、隣にはビキニの美女がいて、当人は経済的にも時間的にも自由だ……と、読んだ人が憧れるような情景を繰り広げるのです。

拙著『「成功」のトリセツ』（角川学芸出版）は、僕がマンダリンオリエンタルホテ

ルのスイートにいて、そこで原稿を書いているみたいな、そういう設定になっていま
す。これは実際にあったことを思い出しながらセールスレターのように書いた、エメ
ラルド・オーシャンの応用版です。

「本書を読んで、伝えたいことを理解してもらって取り組めば、成果が出てこうい
う風になれるんですよ」と読者に示すわけです。

ダイエット本なら、ダイエットに成功している自分がいて、以前は恋愛もダメダメ
だったのに、今はお気に入りの服を着られて、恋も仕事も、すべてが理想的になって
いる……といったことから書いてみるわけです。

⑪パクる、モデリング（TTP）

成功用語としての「モデリング」は、憧れている人とか、「こういう風になりたい」
と思える人物のふるまいや行動をとにかく真似ろ、というものです。そうして行動を
変えるのです。

私は文章においても、モデリングの重要性を言っています。いいと思う本や文章をどんどん探して、それをモデリングしなさい、とセミナーで指導しているのです。

モデリングと言うと聞こえはいいですが、つまりは「徹底的にパクりましょう」ということです。それを先述の外資系コンサルトパターンで言うと「TTPしましょう」となり、何となくかっこよく聞こえはするかもしれません。

もちろんふざけているわけではありません。真似は真似でも、それをうまく組み合わせることで、立派に1冊の本にすることも可能なのです。

旧版の『「ビジネス書」のトリセツ』(徳間書店)の「はじめに」も、実はこの組み合わせのパターンを使って書かれています。

音楽の世界でも「あの曲って、元の曲これだよね」といった風に、ヒットする曲が似ていると思うことはないでしょうか。

プロがやれば色々な本の組み合わせにアレンジを加えることで、まったく新しい内容のようにすることは可能なのです。

皆さんも「この書き方、いいな」とか「この説明の仕方はいいな」「この構成、好きだな」という本を見つけたら、それを書く時に応用すると良いでしょう。

4 ゴーストライターに頼むのはダメ？

ゴーストライターを使うのは悪いことではない

「文章を書く時間がない」「文章を書くのが苦手」という著者に対しては、構成協力や編集協力として、ゴーストライターを用意してくれる出版社さんも増えています。

これに対して、「自分が書かずに他人に書いてもらって、いいのだろうか」「それで自分が書いたことになるのだろうか」と不安を抱く方もいるかもしれません。

もちろん、自分で書くのがベストではありますが、小説などの芸術性の高いものとは違い、ビジネス書や実用書の場合、必要なことは「その人の情報」であって、文章自体のオリジナリティはさほど求められません。

むしろ、きちんと文章が整理されていることや、文章が日本語として誰もが読みやすいものに仕上がっていることが重要になります。

それゆえ、基本的に政治家や芸能人といった著名人や、多忙で時間が取れない人の大半は、こうしたゴーストライターが「構成協力」という形でスタッフとして参加していると思って間違いないでしょう。

大切なのは本が出て認知されること

さらに、一般の人であっても、文章を書くのが苦手だけれども、面白いストーリーを持っている人に対しては、出版社がライターを付けるということも往々にしてありえます。

実際、私の出版社（サンライズパブリッシング）でも一般の方に対してもライターを用意しています。

一番大切なのは、とにかくあなたの本が世の中に出て、多くの人がそれを手に取ってくれて、あなたという存在を認知してくれるということ。

そのための最適な手段として、自分で書く時間や、自分で書く自信がないという人は、ぜひこの選択肢を検討してみてください。

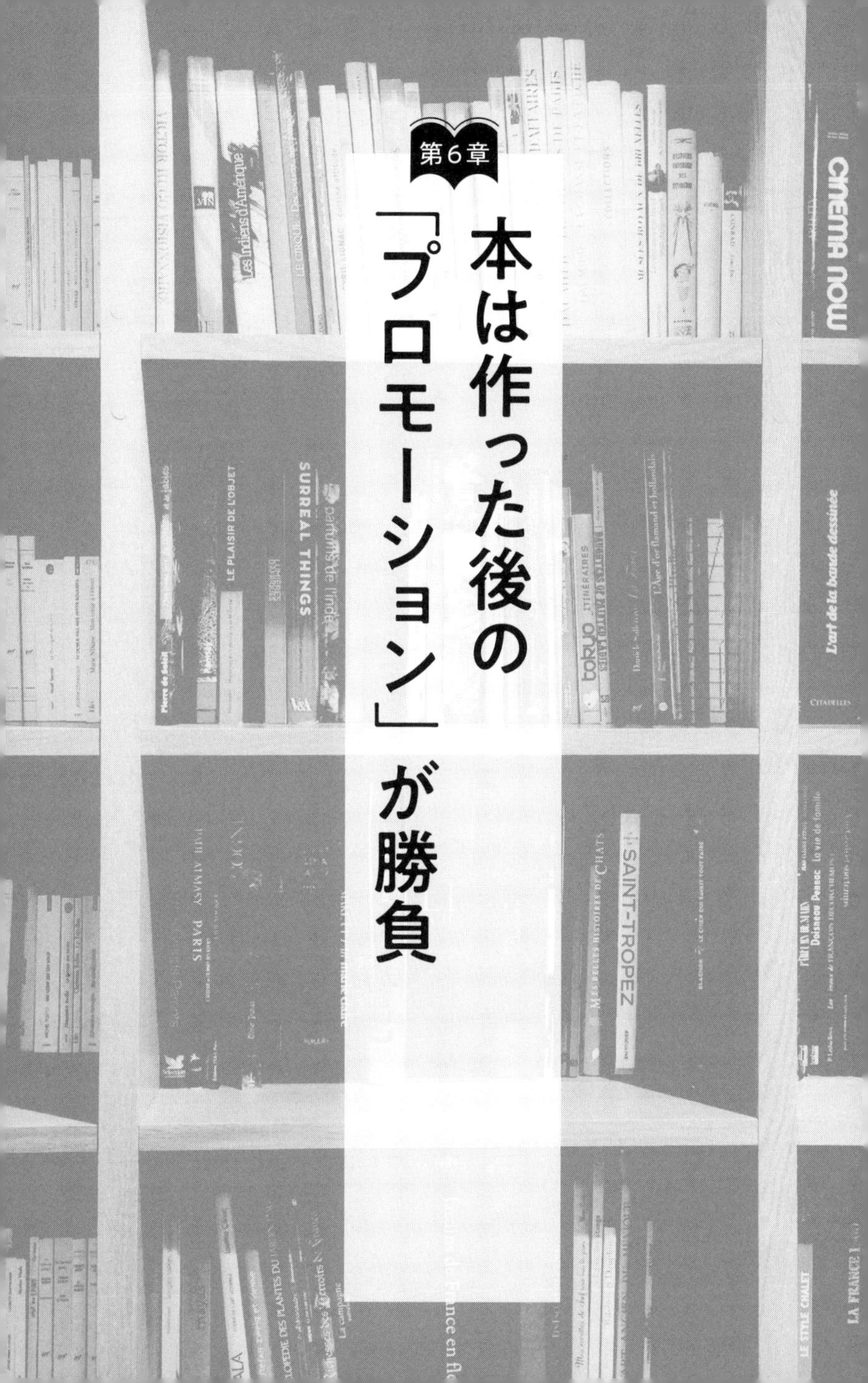

第6章

本は作った後の「プロモーション」が勝負

1 著者がプロモーションをする必要はある？

新人の本を、頑張って売ろうとする出版社は少ない

本は作ったら売れるわけではありません。

売れる努力をしないことには、いつまでたっても本は売れません。

ときどき生徒さんからも「本を作ったら出版社の人が売ってくれるんでしょう？」という問いかけをもらうことがありますが、答えはノーです。

出版社は年間に何百冊、何千冊もの本を出しています。

大きな出版社であればあるほど、その年に販売する本も多いため、自社の限りある人材やお金をつぎ込んで「本気で売ろう」としてくれる本は、ごくわずか。

すでに名前が売れていて実績のある人ならば出版社側も「この人なら売れるだろう」と信頼感があるので、力を入れてくれます。

ただ、実績のない新人の本を、頑張って売ろうとしてくれる出版社はかなり少ないと見て間違いないでしょう。

ほとんどの場合、スルーされてしまうことが多いです。

本を出すのは初めてであったとしても、よほどＳＮＳなどで人気や知名度がある人か、アイデアがすばらしい本で、出版社側が「この本は売れるに違いない！」と思ってもらえない限りは、あなたの本のプロモーションなどはほとんどしてもらえません。

あなた以外にプロモーションする人はいないかもしれない

また、あなたの本を一緒に作り上げた編集者にしても、年間に何冊もの本を担当しているはず。

基本的に編集者は多忙な人が多いです。つきっきりで1冊の本を作ってくれたとしても、本自体が完成したら、またすぐに次の本の制作に取り掛かる。

作った本1冊1冊すべてに対して、プロモーションに力を入れるという編集者が少ないのが事実です。

だからこそ、ビジネス書作家としてやることは、「作るまでは執筆に専念。本ができた後は、プロモーションに専念する」ということ。

自分以外の人間は誰もプロモーションをしてくれないかもしれない。

頼れるものは自分のみ。

そのくらいの心意気を持って、全力で自分の本を売る気でいた方がいいでしょう。

2 プロモーションはいつ行うべき?

出版は発売後1か月ですべてが決まる

私はよく本の出版を「鳥人間コンテスト」に例えています。

鳥人間コンテストは、最初の初速が大切。もし、最初の出だしの部分でつまずいてしまうと、その鳥人間は空を飛ぶことができず、飛行距離は伸びません。

本の出版もこれと同様。発売後1か月で、すべてが決まります。

この本でも何度も事例に取り上げている近藤麻理恵さんの『人生がときめく片づけの魔法』(サンマーク出版)が爆発的に売れた際は、電車広告などをさかんに打っており、多くの人が「本のタイトルは知っている」という状態でした。サンマーク出版は、電車広告をさかんに打つプロモーション手法で有名な会社でもあります。

でも、そんな電車広告で有名な出版社であっても、すべての本に電車広告を打っているわけではありません。その月に5冊の本が出たとしたら、初速の動きなど、様々なものを検討し、その中の上位2冊くらいしか広告を打つことはないでしょう。

昔は「本は出してしまえば売れる」という時代もありましたが、今は出版社側も「売れない本はまったく売れない」ということがわかっている。だからこそ、「売れるものにしか広告費は出さない」という時代に変わってきています。

その結果、少しでも初速で売れはじめた本は宣伝に力を入れてもらえるので、ますます売れるようになる。

でも、その一方、初速が動かない本は、仮に良い本だったとしても、そのまま知らないうちに埋もれてしまい、誰からも読まれないまま、日の目を浴びないまま、ひっそりと倉庫行きになってしまうのです。

毎月、どんどん新しい本が出る中で、新刊本の枠はごくわずか。だいたい1か月周期で、すべての本は入れ替えられてしまいます。

この最初の1か月の機会を逃してしまえば、もう後は誰にも注目されぬまま、何かしらのラッキーを期待することしかできません。

ただ、逆に言えば、この1か月の間に「売れている本」として多少でも認識されれば、そのまま本屋であなたの本が陳列され続けることになるかもしれないのです。

プロモーションの有無で、歴然とした格差が生まれる

売れる本は良い本ですが、良い本であっても必ず売れるとは限りません。

良い本であっても、世には出たものの、誰からも読まれることがなく、ひっそりと息を潜めている本もたくさんあります。

純粋な本の出来ではなく、プロモーションの有無で、歴然とした「本の格差」が生まれつつある事実を、理不尽だと思う方もいるでしょう。

でも、テレビCMをバンバン打って宣伝された商品の方が、宣伝も何もせずに店に

ぽつんと置かれている商品よりも、高い知名度を誇り、結果、売れることはよくあること。

本もまったく同じで、発売後に最初の空気を動かせないと、ほぼ売れる本にはなりません。

逆に言えば、本が初速でたくさん動く「何となく売れているような雰囲気を醸し出せる本」であれば、売れる本になるのです。

3 リアル書店はどのくらい重要？

ベストセラーを狙うなら、書店を制すべし

先ほど「ベストセラーを作るには、初速の勢いが大事」とお伝えしました。

その「勢い」を左右するのが、書店です。今の時代はアマゾンなどでネットで本を買うのも珍しくなくなりましたが、依然として本の売り上げの9割を占めるのは書店販売です。

アマゾンでいかに売れているように見えても、リアル書店で本が動かせないと、ベストセラーにはなりません。

では、どうやったら書店で売れる本になるのでしょうか？

書店は、ネット書店と違い、売り場スペースが非常に限られています。年間何万冊と販売される新刊本に加えて、既存の大御所たちの過去の名作のことも考えたら、自分の本が置かれるスペースなんて存在しないのでは……と思ってしまいます。

事実、せっかく新刊として本が出ても本屋にほとんど置かれることもない本は、たくさんあります。

狙うべきは、「平積み」「面出し」そして「ワゴン」

さらに、仮に本屋に本が置かれたとしても、「棚挿し」と呼ばれる、背表紙を表にして1冊がぽつんと書棚に収まる陳列方法では、当然ながら本を買いに来たお客さんへのアピールは薄いです。

狙うべきは、「平積み」「面出し」と呼ばれる、表紙を表にしておいてもらうパターンです。表紙が表に出されていれば、タイトルや表紙、帯の文言など、いろんな情報が視覚的に飛び込んでくるため、お客さんにも手に取ってもらいやすくなります。

そして、もっと宣伝効果が高いのは特設の棚やワゴンを作ってもらうというパターン。同じ本がずらりと棚の一面を占めたり、何冊もの本がドーンとワゴンに山積みにされたりすれば、当然のことながらインパクトは絶大です。

ほかの本よりも特別扱いされることで、「この本、今売れているのかな?」「これだけ本屋がプッシュする本ならば、きっといい本なんだろうな」という印象を与えることにもなり、格段に売り上げが上がっていきます。

平積みにされる理由は様々

自分の本も、「あわよくば書店で平積みにしてほしい」と作家ならば誰もが思うはず。

では、平積みにされる本にはどのような傾向があるのでしょうか?

まずはテレビや新聞で話題になっている本や、評価の高い本であること。

また、著者がテレビなどによく登場する有名人であったり、すでに実績のある人の本であることも多いです。

もしくは、ものすごい美女であったり、ありえないくらいのお金持ちであったり、何かしらすごい肩書を持っているような人だったりと、何かしらの「引き」を持っている人ほど、本屋側も「この人の本は売れそうだ」と見込んで、平積みにしがちです。

後は、本の内容を気に入った書店側が、「この本を売ろう」と気合を入れてプッシュしている可能性もあります。それは、本当に幸せな本だと言えます。

書店回りで気を付けるポイントは？

意外と効果のある書店回り

書店回りとは、本が出た後に、著者がそれぞれの本屋に挨拶に行き、「自分の本を置いてください」とプロモーションするという手法です。

時にはサイン本を置いてくれる書店が出たり、直接書店員さんと触れ合って、親しくなることで、ご厚意で本を良い場所に置いてもらえるなどのメリットもあります。

日本全国の書店を回るのはなかなか難しいかもしれませんが、自分の自宅近くはもちろん、出張先、旅先でもふらりと本屋さんに行っては、挨拶をするという著者も少なくありません。

体力的にはかなり大変ですが、この手法で、山田真哉さんや勝間和代さんなどのベストセラー著者も自身の本を売り込みに行き、結果、多くの書店で彼らの本が取り扱われるようになったとも言われています。

出版社の意向の確認と、書店へのアポを忘れずに

ただ、書店回りをやる場合の注意点は、まずは担当の編集者に相談することになります。

出版社にはそれぞれ本屋さんに本の売り込みに行く営業担当者がいます。すでにその営業担当者がそれぞれの書店の書籍担当と関係性を築いているので、突然、著者が飛び込みで行くと色々と問題が生じる可能性もあるのです。

したがって、独断では動かず、必ず出版社側の意向を確認することが必須です。

また、仮に書店回りに行ってもいいと言われた場合でも、事前に書店さんへのアポイントは忘れないようにしましょう。

書店員さんは非常に忙しいので、こちらの勝手な都合でお邪魔しても、単なる迷惑にしかなりません。「忙しいのに、突然来て仕事を邪魔された」とまでは思われないにしても、何かしら悪印象を与える可能性はあるので、くれぐれも注意してください。

書店回りはかなり体力がいるものです。主要書店を巡るだけでも、1か月から2か月の期間は必要ですし、その間はほかの仕事はあきらめるくらいの覚悟が必要になるかもしれません。

とはいえ、やらないよりは、確実にやった方が良いものでもあります。

スキマ時間を上手に使って、ぜひ調整してみてください。

5 プロモーションにはどのくらいお金をかけるべき？

ある程度のお金をかければベストセラーを作れる

さて、ここまで見てきて、なかなか新人作家の本をベストセラーにするのは難しい……ということがわかっていただけたかと思います。

でも、実は戦略的なプロモーションをすることで、ベストセラーを作ることは可能です。

「え、本当にベストセラーは作ることができるの？」

そう疑問に思った人も多いでしょう。

でも、ある程度のお金をかけることで、ベストセラーを作ることは不可能ではありません。

よくある伝統的な手法で言えば、電車の車内広告枠をジャックしたり、駅構内にポスターを貼ってもらったり、大型書店のランキングを操作することもありますし、メルマガやフェイスブックなどの自社メディアで、その模様をリアルタイムに告知していくことで、「あたかもブームが起きている」かのようにPRすることもできます。

しかし、最初はねつ造であっても、ブームが起き、結果、ベストセラーになるというケースも多々あります。

中には、1冊あたり5000万円ほどのプロモーション費用をかけたというケースもあったそうです。

高額な商品が売れればプロモーション費用は回収できる

でも、本当にそこまでお金をかけてベストセラーを作っても、採算は合うのでしょうか？

ごくごく単純に考えると、本の印税は定価の10％ほど。本が仮に１０００円だとして、10万部が売れたとしても、著者に入る金額は１０００万円。これでは、到底採算は合いません。

それでは、なぜ、こんなにもお金をかけることができるのか？

実はその場合、本自体がその人のビジネスのプロモーションになっているケースが非常に多いのです。

企業の社長が自分の会社や商品の宣伝のために、プロモーション用の本を出すというのは昔からよくある手法ではありますが、ここ数年間では、オンライン塾やセミナーを販売するための宣伝ツールとして使われていることが非常に増えました。

その方法について、詳しくは、拙著『マネー&フリー　僕らが楽して大儲けした57の秘訣』（カシオペア出版）でも書いているので、ぜひ興味のある方には読んでいただきたいのですが、ネット起業家が販売する情報商材やオンライン塾は定価が数万円から数十万円。中には１００万円越えするものも少なくありません。

単純に本を10万部売り上げても印税は1000万円程度にしかなりませんが、本で宣伝した結果、30万円のオンライン塾を1000人に売ることができれば、利益は3億円になります。

宣伝ツールとしては、まさに持ってこいなのではないでしょうか。

初版部数は多い方がいい？

ベストセラーにしたいと思うのであれば、気になるのが一番最初に何部の本を刷るか。つまり、初版の部数です。

初版部数には文句を言わないことが鉄則

初版の部数が多ければ多いほどに、もらえる印税の額は上がります。大御所作家であれば、初版から10万部近い部数を刷ることも、決して少なくはありません。

でも、残念ながら、新人作家によるビジネス書や実用書の初版部数は、4000～5000部が当たり前。あるいはもっと低いことも十分ありえます。

でも、仮に部数に不満があったとしても、版元に交渉するのはNGです。

出版社側がお金を出して本を作ってくれる以上は、決まったもので納得しましょう。なぜなら、多くの本は初版で埋もれてしまうし、すぐに返本されてしまうからです。繰り返しになりますが、出版社側にとっては在庫を抱えることが一番のリスクなのです。

仮に本の初速が良ければ、すぐに増刷してもらえますし、「3刷」「4刷」などと版を重ねることで箔が付くケースもあるので、必ずしも初版の部数が少ないことがマイナスになるとは思わないようにしましょう。

もし、どうしても部数を増やしてほしいのであれば、事前に、自分で何部か買い上げをすることを伝えておけば、部数が上がることもあります。その場合は、1000部単位での購入が必要になりますので、自分の資金に余裕のある人であれば、ぜひトライしてみてください。

ビジネス上のツールとして考えれば、初版部数は重要ではない

なお、増刷がかからなかったとしても、落ち込む必要はありません。

この本の冒頭でもお話したように、本はあなたにとっては「宣伝ツール」の一つでもあります。仮に初版の本が売れなかったとしても、3000部が売れて、そのうちの数人が自分の考えに共鳴してくれて、ファンになってくれれば問題ありません。

小説家など、本の印税だけで生計を立てていきたい人ならば別ですが、ビジネス上のツールの一環として考えるのであれば、初版部数は気にしないでください。

また、1冊目は出版社側も手探り状態なので、1万部を超えることはまずありません。

お試し感覚の1冊目でしっかりと実績を出して、2冊目以降には初版1万部越えを狙う。

そんな心意気で部数と向き合うようにしましょう。

7 ベストセラーになることには、どのくらいの価値がある？

「秒速1億円男」与沢翼氏は、出版マーケティングで成功した

高額商品を販売するネット起業家が、出版マーケティングで成功した顕著な例の一つが、2012年の与沢翼氏です。

それまでは、ネット起業家の本と言えば、川島和正氏の『働かないで年収5160万円を稼ぐ方法』（三笠書房）や、菅野一勢氏の『時給800円のフリーターが207日で1億2047万円稼いだいちばん簡単な方法』（イースト・プレス）が知られるくらいで、「アフィリエイト」や「ネット起業」という言葉も、まだまだ一般認知度が低いものでした。

ところが、2012年9月に与沢氏が『スーパーフリーエージェントスタイル』（角川フォレスタ）を発売し、一気にベストセラーになります。

さらに『秒速で年収1億円を稼ぐ方法』（フォレスト出版）も続けて発売し、タイトルのインパクトの大きさから、与沢氏は「秒速1億円の男」として話題になりました。

結果、与沢翼は当時の彼女で、読者モデルだった山田るり子氏とともにメディア出演を繰り返し、六本木に住まい、高級車を乗り回すというバブル時代を彷彿とさせるような派手な生活を披露。

この時は、「ネオヒルズ族」という言葉がブームになったほどでした。

いくら払ってでも手に入れたい「ベストセラー著者」の肩書

また、2012年に本を発売したのは、与沢氏だけではありません。

現在でもネットビジネスで有名な小玉歩氏も、2012年9月、与沢氏と同じタイミングに『クビでも年収1億円』（角川フォレスタ）という著書を出版し、ベストセラーに。その後も、『3年で7億稼いだ私がメールを返信しない理由』（幻冬舎）、『仮面社畜のススメ』（李白社）などを発売しました。

そして、このようなネット起業家の本が注目を浴び、従来は一部のネットユーザーの間でしか知られていなかった彼らの一般認知度がどんどん上がっていくことになっていくともに、それに目を付けたのか、２０１３年からは続々と有名ネット起業家の本がこぞって本を出し、一般の本に比べて好調なセールスを記録していきました。

彼らは相当な額のプロモーション費用をつぎ込んでいますが、高額で、かつ得体の知れない怪しげな商品を売り切るためには、「ベストセラー本の著者」「テレビでもたびたび紹介されてきた有名人」という肩書は、彼らのセルフブランディングにとって、いくらお金を払ってでも手に入れたいものだったのです。

8 ベストセラーを作る裏技とは？

禁断の3つの裏技、教えます

さきほど、世の中にある大半の本は、1か月以内に返品されてしまうということをお話しました。

そうした中、書店で長く置かれる本には2種類あります。

一つは、いろんな書店やリサーチデータのランキングで、ベストセラーのトップ10の中に入るということ。ランキング入りすれば、当然様々なメディアに取り上げられ、より加速度的に売り上げは伸びていきます。

でも、全国から何万冊と発売される新刊の中でトップ10を取れなかったとしても、ベストセラーを生み出すことは可能です。

それが、書店で長く置かれる本になるための2つ目の手法、「ロングテールで着実に売れる本にする」というものです。

目安は、発売から1か月から1か月半の間、1日に10冊程度売れる本であること。そして、その後も週に2冊ずつくらい売れている本であれば、本屋に長く陳列してもらえる可能性が高まります。

その中で、裏技を駆使して「自分の本をベストセラーに見せる」手法を実践している人も少なくありません。その裏技について、ここではご紹介していきます。

・裏技①大型書店で３０００冊分本を買う

日本有数の大型書店として知られる紀伊国屋書店は、著者の間でも「ネームバリューの高い本屋」として有名です。

この紀伊国屋が発表するランキングに入れると、本の売り上げが変わると言われているため、紀伊国屋書店のランキングを上げようと、意図的にこの本屋で大量の本を購入する人も多いです。

では、紀伊国屋書店で売れていると認定されるためには、どのくらい本が売れれば良いのか？

ビジネス書や実用書の場合は、だいたい1か月から1か月半くらいの間、コンスタントに1日に10冊ほどのペースで売れるのが望ましいと言われています。

この傾向は、ほかの大型書店でも同様です。

ならば、自然にその本が売れている……という現象を人工的に作るためには、大型書店で1日10冊ずつ本を買って歩けばいいという計算になります。

とはいっても「東京駅周辺の大型書店でだけ、この本が10冊ずつ売れている」「新宿と渋谷の大型書店で、この本を1日10冊買うお客さんが頻発している」という怪しげな局地的な買い方では、「これは人工的に売れている本を仕立て上げようとしているな」とすぐにバレてしまいます。

自然に本が売れているように見せるのであれば、日本全国の書店をまんべんなく、特定のルートに沿って、きちんと回っていかないと、「自然なベストセラー」にはなりません。

ただ、このルートに沿って、半年近くにわたって合計3000冊の本を購入できれば、ベストセラーを作ることが可能なのです。

ただし、当然、それには膨大なマンパワーを要するので、自分で用意したスタッフ20人くらいを張り付きで準備させておかないと、まず不可能でしょう。

・裏技②本屋さんでラックや棚を買う

続いてご紹介する手法が、本屋さんの棚を買うというもの。

先ほど本屋で「平積み」「ワゴン売り」などの手法で陳列してもらえば、本の売れ行きが大きく変わることをご紹介しました。

ただ、無料でこの「平積み」や「ワゴン売り」をやってほしいとお願いしても、そこはなかなか難しいです。どうしても大手の三大出版社や老舗出版社などの方が、長年の付き合いがあるため、本屋で広い棚をもらえたり、最初から平積みにしてもらえたりと、便宜を図ってもらえることが多くなります。

でも、新人作家であっても、お金を払って書店の棚を購入してしまえば、それは実現可能です。

金額としては、だいたい1店舗1個の棚やラックが、2週間〜1か月間の陳列で10〜30万円ほどで販売されています。

棚を買うことで、本が注目され、部数が動くようになれば、その本はベストセラーになります。

また、幻冬舎などのプロモーションが上手な大手出版社の場合は、一度「この本を売るぞ」と決めた本は、かなり気合を入れてお金を投入することでも知られています。

まったく無名の著者の本が、いきなりいろんな書店でバーンと平積みにされたり、特設棚や特設ワゴンに乗せられて売られている場合は、著者か出版社側が大金を払って棚を買い占めていると見て、ほぼ間違いないでしょう。

・裏技③本屋に大量の在庫を置いてもらって、余ったら買う

本屋にとっては、本が売れずに大量の在庫を抱えることはリスクになります。だからこそ、売れるかどうかわからない新人作家の本を、書店に置くことを避けたがるのです。

でも、事前に、もしも売れなければ著者が買い取るという保証をしておけば、どうでしょうか。

売れても売れなくても著者が絶対に買い取ってくれるという保証があるので、書店側も大量の部数を引き取ってくれます。それどころか、多く引き取れば引き取るほど、その書店にとっては売り上げへと還元されるので、書店側も喜んで大量の在庫を引き受けてくれるのです。

これはまだ実践している人が少ないかもしれませんが、この手法を実践して、ベス

トセラー作家になったという人もいます。

ただ、これを実践する場合は、本屋との密接な関係性が必要になるので、出版社の協力が必要です。そういう意味では、安易には実践できない手法とも言えるかもしれません。

これらの裏技についてはさすがに書籍では書けないことが多く、今後私のセミナーやオンラインサロンで個別にお話しさせていただく予定です。

9 お金をかけずにできるプロモーションは？

SNSでの地道な自己発信も大切

お金をかけずに、自力で地道にプロモーションを頑張ることももちろん大切です。

幸いなことに、今の時代はSNSが発達しているため、個人でも世の中に物事を発信するのが以前よりも容易になりました。

まずは、フェイスブックやツイッター、メルマガ、ブログなどで、自己発信をしましょう。

もちろん内容は、「今日はランチにカルボナーラを食べました」「こんな有名人に会いました」という日記的なものや自慢では意味がありません。できるだけ、自分の本のテーマに関連したものである必要がありますし、その中で「この本を読んでみたいな」と思わせるようなさわりを発信していくのも良いでしょう。

セミナー講師をするのもおすすめ

後は、セミナー講師を体験してみるのもおすすめです。

人前で話すことになると、人は恥をかきたくないからこそ一生懸命インプットをするし、緊張しながらも人前で自分の言葉をアウトプットすることで、知識が定着しやすくなります。

また、目の前でお客さんの反応を見ることで、人々がどういう知識を自分に求めているのかも見えやすくなるでしょう。

ネットでのプロモーションのポイントは？

数値目標を決めることが重要

ネット上の数値はすべてが可視化されます。

そのため「ただ漫然とやる」のではなく、きちんと本を売るためのＰＲを考えるのであれば、ある程度の数値を目指すことが重要になります。

例えば、無料のメルマガならば最低でも１万人以上。

ブログならば、１か月で１００万単位のアクセス。

セミナーならば、参加人数１００人を動員。

このくらいの人数が動員できるのであれば、出版社側も「この人は集客や告知能力がありそうだ」「この人は、潜在的なファンがこのくらいいそうだな」ととらえてくれるので、プロモーションにもより一層の力を入れてくれる可能性も上がります。

数字を出せばチャンスが舞い込む

例えば、『美人になる方法』（主婦と生活社）などの著書を持つワタナベ薫さんは、女性の間のカリスマとして話題の人物の一人。

セミナーの動員数も、毎回１００人以上です。

まだそこまで一般知名度がない頃、その動員数の噂を聞きつけた編集者が一生徒としてセミナーを受けた後、その内容に感銘を受けた結果、「うちで本を出しませんか？」とお願いしたという話を聞いたことがあります。

「自分には発信したいことはない」

「人に何かを伝えるなんて照れ臭い」

そう思った人であっても、最初は自己発信をしてみましょう。

11 ネットでのプロモーションはどのくらい続けるべき？

1年間くらいは地道に書きためよう

もちろん最初から100万PVのブログやフォロワー1万人以上のSNSを育てるのは難しいでしょう。

「アカウントを作ったら、即、フォロワーが何十万人も増えました」などという現象が起こるのは、芸能人など有名人だけ。一般人の場合は、じっくりゆっくり、時間をかけて地道に増やしていくしかありません。

時間がかかって面倒くさいと思うかもしれませんが、本を出すと決めた以上は、半年や1年間くらいの時間をかけながら、地道に書き溜めていきましょう。

『「発問」する技術』（東洋館出版社）などの著書を持つ、高校教師の栗田正行さんは、最初ブログを書きはじめ、本を出す際にはすでに7000人近くの固定読者がいました。

彼がどんなことを書いていたのかと言うと、基本的には自分の教育論や子供の育て方、勉強法といった、自分の本来の得意分野を書き綴っていたそうです。

地道な更新と、他人にはないオリジナリティ、また「高校教師」という地位にいないとわからない独特の視点が好評で、着実に固定読者を増やしていったのです。

仮にあなたが普通のサラリーマンであったとしても、毎日1年間くらい自分の仕事に関連するようなテーマでブログやツイッターなどを書き溜めていけば、その分野の専門家として認知してもらえる可能性は十分にあります。

その際、テーマとして扱うのは、第3章でもご紹介したように「ほかに誰も競争相手がいないようなニッチなテーマ」である方が良いでしょう。

また、多くの作家が多作であったように、文章は書けば書くほどに上達していきます。ブログやSNSは一つの練習の場だと思い、大いに活用してみましょう。

12 周囲の人が応援してくれる人になるには？

自己発信すればファンが増える

本が出た時に、買ってくれたり、周りの人に宣伝してくれる。そんな自分のファンを増やすことは、すべての著者にとってとても大切なことです。自己発信してみることで、自分の周囲にいる人たちがあなたのことを応援してくれるようになります。

あなたを応援してくれる人たちは、あなた自身がすでに面識がある人かもしれませんし、もしくはまったく会ったこともない人である可能性もあります。でも、純粋に「あなたの考えていること」や「あなたの書いていること」に賛同してくれる人たちの数が増えれば増えるほどに、あなたの活動はより一層やりやすくなります。

日ごろの行いが出版後に影響する

あと、大切なのは日ごろから周囲の人には親切にしておくことです。

何かしてもらった場合は、「ありがとう」と素直に御礼を言いましょう。また、時には相手のためになるようなことを、何かしてあげるようにしましょう。

日ごろからあなたに対して好意を抱いてくれる人であれば、本が出たら喜んで協力してくれるはずです。

逆に嫌われるのが、日ごろから特に他人に優しくしているわけでもないのに、「自分の本が出たから、いろんな人に宣伝してください！　買ってください！」と周囲の人に言って回るタイプの著者です。「せっかく本が出たのに、薄情なもので誰も協力してくれなかった」という人は、それは単純に己の人間力不足です。人のせいにするのではなく、自分の日ごろの行いが悪いせいだと反省してください。

第7章

出版後、人生はこう変えろ

出版にかかったコストはどうやって取り戻す？

印税だけでは元は取れない

ここまで、著者になることのメリットや、著者として自分の本をどうやって作るべきか、また、自分の本をしっかりとプロモーションすることの大切さについてご紹介してきました。

ただ、残念なことに、ビジネス書を書いているのに著者である当人のビジネスがうまくいっていない……という悲しい現実に遭遇することも多々あります。

なぜ、そういう事態に陥るのかと言うと、多くの人が「ただ本を書いて、出すことだけで終わってしまうからです。

例えば、1500円の本を1万部売ったとします。

仮に印税が10%ならば、著者に入るお金は150万円程度。ただ、最近は著者印税からプロモーション費用を捻出してほしいという出版社も多いため、場合によっては、印税としてもらえる金額はもっと低い可能性もあります。ゴーストライターをお願いした場合は、そちらにも印税の数%を渡すのが普通です。

どのくらいの時間を本の執筆にかけるかは人によって違うでしょうが、人によっては本を出して得られる対価はコンビニで働いている時の時給と変わらないかもしれません。

つまり、本を出すことだけに特化する場合は、よほどのベストセラーにならない限り、得られるリターンはごくごく限られているのです。

出版で得たチャンスを生かすも殺すも自分次第

そうならないように、あなたは本にかけたコストをできるだけ回収するべきです。

本の出版によって信頼度を得たのであれば、その信頼度をフル活用してバックエンドとなる商品を販売するのです。

出版までは書くことに専念し続けることになると思いますが、出版した後は、さらに世間の知名度を上げるきっかけ作りができます。例えば、出版記念パーティーやセミナー、講演、勉強会などを開催することができますし、場合によっては他の人と、セミナーなどを合同で開催することも可能となります。

本は一種の印籠なので、効く人には効きます。ですから、出版後は積極的に人と会う機会を作っていきましょう。様々な公の場に出るチャンスを、自分で作っていくことが大切です。出版した後にどれだけの人に会うかによって、その後の売り上げも変わってきます。

本を出版するということは、自分の知名度を上げたり、ビジネスをさらに展開する「きっかけ作り」です。出版のチャンスを生かすも殺すも、自分次第なのです。

2 書籍から新たな好循環ビジネスモデルを生み出すには？

出版すれば見込み客リストを手に入れられる

この本の冒頭で「出版はあなたのビジネスをうまく活かせるツールである」というお話をしました。

本を出版することであなたは新たなビジネスを展開できます。そして新たな収益モデルを生み出すことも可能です。

例えば、あなたが本を出したことを記念して、出版記念セミナーを開催したとします。出版記念セミナーは基本的に単発で終わりますが、新規見込み客リストを手に入れることができます。仮に、そこで３００人の新規見込み客のリストが手に入ったとしましょう。

この見込み客リストとは、あなたが新しいビジネスを始めた時に、商品を購入してくれる可能性の高い方々のリストです。ターゲットが絞られているので、とても質の高いリストと言えます。

もし、この「見込み客リスト」があったら、あなたはどんなビジネスを展開したいですか？

新たに会員制コミュニティを作るのも良いし、定期的にセミナーを開催することもできます。出版後にどういったビジネスを展開したいか、他の著者のサイトやＳＮＳを見て参考にしてみるといいでしょう。

目標金額を決めて、それを達成する方法を考えてみよう

とはいえ、なかなか決められない方もいらっしゃると思います。そういった方は、まず、目標金額を決めておくのはいかがでしょうか。

例えば、具体的に売り上げ1000万円を目指すとしましょう。すると、次のような流れが考えられます。

①出版で得られる印税：45万円
（印税率10%、1冊1500円の本が3000部売れた場合）
↓
②出版した本からメルアドが300人分登録
↓
③自分の商品（30万円）が15人に売れた場合、450万円の売り上げ
（見込み客リストからの購入率が5%だった場合）
↓
④会員制コミュニティで、毎月25万円、年間で300万円の売り上げ
（月額5000円のコミュニティで50人の登録があった場合）

↓

⑤その会員制コミュニティ内外で、さらに毎月セミナーを開催する

この流れができれば、一気に売り上げはアップするでしょう。このように、本を出すことで売り上げ1000万円の達成に近づく、好循環のビジネスが生まれます。

本を出版してビジネスを展開するにも、見込み客のリストを取る、という部分まで視野に入れていなかった方がほとんどなのではないでしょうか。

しかし、これがとても重要で、見込み客リストを作ることで、売り上げがアップできるのです。

3 セミナーは開くべき？

本の内容を伝えるセミナーの開催はおすすめ

出版後に展開するビジネスの中でも、私がぜひおすすめしたいのが、「本の内容を伝えるセミナーを開催する」というものです。

仮に1万円のセミナーに30人が集まれば、1日に30万円の売り上げに繋がります。もちろん内容は本の内容をただしゃべるのではなく、きちんと本の内容以上の中身がある、1万円の価値を持つクオリティにする必要はあります。常にお客さんが払ってくれた金額の3倍以上にはなるよう、費用対効果を意識して臨みましょう。

セミナーを開くことで得られるのは、金銭面のメリットだけではありません。

①マーケティングリサーチになる

「お客さん」の反応をリアルに見られることも、情報収集の上では非常に役立つでしょう。

もしも、自分が話したいテーマがあるものの、どのような切り口が適しているのかがわからないなら、あれこれ試してみてみましょう。セミナーはマーケティングリサーチの現場でもあります。

②新しいビジネスが広がる

セミナーに来てくれたお客さんは、ある種あなたのファンとも呼べる存在です。その人脈から、何か新しいビジネスが広がる可能性もあるはずです。

③人前で話す練習になる

3つ目のメリットは、人前でしゃべることの練習として有効であるという点です。

本を出した後にはかなりの確率でセミナーや講演、取材、テレビ出演の話が来ます。

こうした時に「未経験だから」「怖い」などの理由で、来た話を断ってしまうのは非常にもったいない話。

ただ、本人がやる気があっても、人前でしゃべり慣れていないために、失敗してしまうと、次のチャンスを失ってしまいます。

人前で話すという経験は、回数を重ねれば重ねるほどにうまくなっていきます。

セミナーを開催するリスクは？

黒歴史を一つか二つ、作る気持ちで臨もう

人前で話をすることに、苦手意識や恐怖感を抱く人も少なくありません。

でも、セミナーを開催することに、どんなリスクがあるのでしょうか。

そのリスクは、きわめて低いです。

例えば1万円の会場を押さえて、受講料を5000円に設定したとします。前日までに2名以上申し込みがなければ赤字になってしまいますが、仮に参加人数がゼロだったとすれば、自分さえ黙っていれば、誰もセミナーが開催されるはずだったことすら気づきません。実は、セミナー講師はみなこうした「黒歴史」の一つや二つは持っているものです。

また、仮に3名以上の申し込みがあったら、その時は目の前にドーム5万人の観客がいるつもりで全力で講演しましょう。

ＡＫＢ48だって秋葉原の小劇場から全国区になりました。伝説はそうやって始まるもの。本人のやる気があれば、どんなところからでも道は開けるのです。

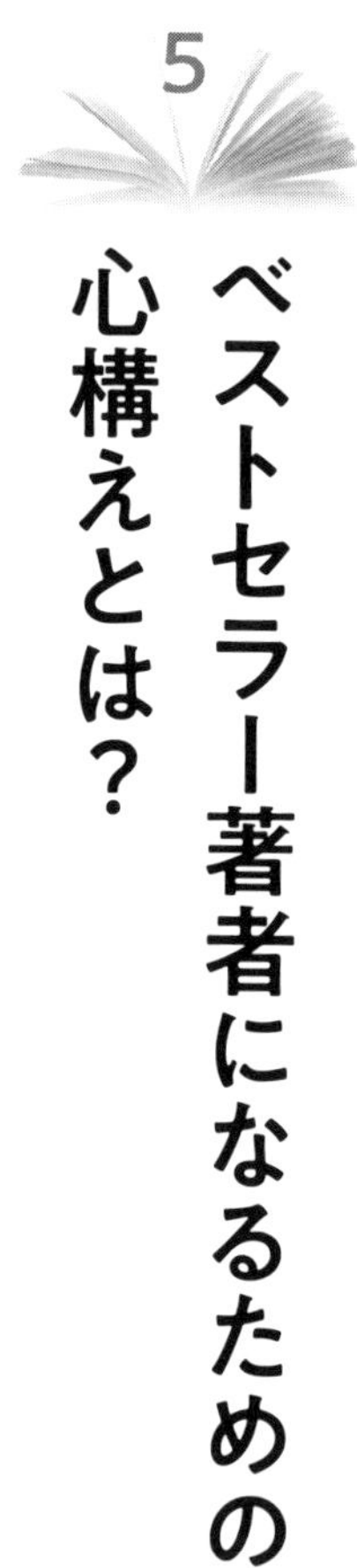

5 ベストセラー著者になるための心構えとは？

３つの心構えを忘れずに

最後に、ベストセラー著者になるための心構えを３つお話していきます。

①ビジネス書のベストセラーはディズニーランドと同じ
②編集者との出会いは、恋愛と同じ
③先にアウトプットする

①ビジネス書のベストセラーはディズニーランドと同じ

本を書くということは、わかりやすく言えば、読者をデートに誘うようなものです。つまり、読者におもてなしをするということであって、著者はエンターテイナーであるべきと言えます。

だからこそ、自分が読んで「面白くない」と感じるような文章は書かないようにしましょう。読者を夢の国に誘うような気持ちで、自分が読んで「面白い」と感じるような文章を書くことが大切です。

②編集者との出会いは、恋愛と同じ

これはいったいどういうことかと言うと、出版社の規模の大きさで編集者を選ぶのではなく、人間性や自分との相性を重視するべき、ということを指します。

恋愛でも同じですよね。例えば結婚相手を選ぶ時に、年収や企業ブランド、肩書で選んでしまったら、経済的に困ることはないかもしれませんが、人間的に合わずに別の意味で苦労するでしょう。編集者を選ぶ時も同じことが言えます。

もちろん、大手の出版社がいけないと言っているわけではありません。本の企画を提案する時は、大手だけでなく、中小の出版社も視野に入れることが重要と言えます。

③先にアウトプットする

これは、「オファーがないから本を書かないのではなく、出版したいのであれば先に本を書きましょう」ということを意味しています。例えば、オファーがないと曲を書かないミュージシャンなんていないですよね。それと同じです。

とはいえ、「本の企画が通るかもわからないのに、先にアウトプットするなんて厳しい……」と考える人もいますよね。

その場合は企画書と、本の原稿すべてではなく「はじめに」の部分だけでも準備するようにしましょう。

あなたが編集者の立場になって考えてみてください。もし本を出版したい人が会社に訪れてきたとして、ただ単に「本を出版したいんです」というAさんと、企画書と「はじめに」の原稿を持参した上で「本を出版したいです」と訪れたBさんであれば、どちらの人の本を出版したいと思いますか？

おそらく、Bさんと言う人がほとんどなのではないでしょうか。

ここで大事なのは「はじめに」の部分の原稿も持参するということです。私自身、仕事柄よく本の企画書に目を通すことがありますが、企画書だけでは、他の本との差別化がわかりにくい、というのが本音です。だからこそ、せめて「はじめに」の原稿さえあれば、本全体のイメージが湧きやすいですし、本の出版へと話を進めやすいと言えます。

以上が、ベストセラー著者になるための心構えです。

売り上げばかりに目が行ってしまうと、この心構えの部分はどうしても疎かになってしまいます。もちろん売り上げを上げたいというお気持ちもよくわかりますが、それだけでなく、心構えもきちんと習得していきましょう。これによって、本の出版から売り上げアップ、そして自分自身の成長へと繋がっていくのです。

おわりに
10年後にも生き残っている著者になるために

私が最初に本を出したのは2008年のこと。

今から、およそ10年前です。

その当時も、周囲には本を出す著者はたくさんいましたが、いまだにコンスタントに本を出している人は、ごくわずか。おそらく、全体の10％にも満たないのではないでしょうか。

残った10％の人たちは、いまだに作家としてだけではなく、実業家や講師として多忙な日々を送っているように思います。

それぞれバックグラウンドも違えば、扱うテーマももちろん違います。

ただ、両者を分ける最大のポイントは、「その人たちが、本を出すだけで満足したかどうか」だと私は思います。

繰り返しになりますが、本を出すことはあなたの人生を大きく変えるきっかけになります。

でも、そのきっかけをうまく活かせるかどうかは、あなた次第なのです。

ただ売り上げのことだけを考えて出版するのではなく、読者のことをしっかり想って書かないと、その先はないのです。

基本は「人の役に立つ情報を発信する人」が生き残る世界です。

この本を読んでいる人々が、一人でも多く、世の中のためになる情報を発信する作家として成功してくれることを願ってやみません。

＊　＊　＊

２００８年に最初の本を出してから昨年で10周年を迎えました。その間、「はじめ

に」でも書きましたが電子書籍や海外版を除き24冊出版しました。また2009年より水野俊哉出版セミナーをスタートし、これまで200名ほどの受講生を指導し、そこから生まれた著作は100冊を優に超え、現在も増えて続けています。現在の私の活動を簡単に説明すると、ここ数年は富裕層向けの出版コンサルをしつつ、自身の出版社や文化人タレントプロダクション、富裕層サイトの運営など、ほぼ経営者もしくは企業オーナーになっており、グループの年商は5億円を超えます。

こう書くと、なにかとんでもない成功を収めているように思われるかもしれませんが、私自身は10年前より自分の本を出してはプロモーションし、顧客にサービスを提供し、そこから得たノウハウや気づきを書籍にするというサイクルを繰り返してきただけです。

未だに毎週末フットサルやサッカーで汗を流し（FC水野の活動も約10年になります）、ほぼ毎晩夕方から晩酌しています。

月に一度は箱根や伊豆、京都などに小旅行し、現地の高級旅館で尾籠するのも楽しみの１つです。海外にも年に2、3回プライベートで旅行に行っています。

ですので、決して毎日朝から晩まで働き詰めという状態ではありません。ただ、このような働き方が可能なのは、私が本を出しているから、だとは言えそうです。

書籍は、あなたの代わりにあなたの宣伝をしてくれ、あなたが寝ている間も貴方の読者に、あなたの考えを代弁してくれます。

だから私は「今すぐ本を出しなさい」という本を書いているのです。

現在、私が出版のお手伝いをしている方には年商１００億円以上の企業オーナーもいれば、年商を3億円から10億円に伸ばした方、私と出会ってから著作をゼロ冊から20冊に増やした方、テレビのコメンテーターとして活躍するようになった方から、なかには私と同じように出版のコンサルをしている方までいます。

ある人は私の書籍を読んで連絡をくれ、メルマガやブログを読んだ方、私のセミナーのＯＢやコンサル先から紹介された方などもいます。

いずれにせよ、それらの方とは私が本を出していなかったら出会わなかったでしょ

う。つまり書籍は自分自身のメッセージを世の中や他人に伝えるメッセージ・イン・ザ・ボトルのような存在なのです。

本書を読んで、本を書いてみたい。出版したいと思った方は気軽にご連絡をください。あなたの書いた本が、読者の人生を変えるきっかけになるかもしれませんし、あなたの人生を変えてくれるかもしれません。

2018年12月　京都　柊屋旅館　新館にて

水野俊哉

②または、下記のURLにアクセスしていただき、登録フォームに入力・送信してください。

出版記念・購入者キャンペーン【申込フォーム】
https://asp.jcity.co.jp/FORM/?UserID=sunriset&formid=122
※登録すると、お得な情報がメルマガで受け取れます。

4月スタート！ 「水野俊哉オンラインサロン」優先エントリー権

2008年スタートで受講生の半数以上が出版決定した伝説のセミナーがリニューアルして、オンラインサロンとして再スタート！

今回は読者の方限定で一般募集よりいち早く、エントリーの受付をさせていただきます。

詳細は、下記の出版記念・購入者キャンペーンLPをご覧ください。

出版記念・購入者キャンペーンサイト

http://www.pubca.net/cam/booknow/

➡オンラインサロンへのエントリー方法は？

①QRコードの画像を読み込んでください。登録画面へリンクします。そのまま登録フォームに入力・送信してください。
※登録フォーム内の「エントリーする」にチェックをお忘れずに！

②または、下記のURLにアクセスしていただき、登録フォームに入力・送信してください。
※登録フォーム内の「エントリーする」にチェックをお忘れずに！

出版記念・購入者キャンペーン【登録フォーム】
https://asp.jcity.co.jp/FORM/?UserID=sunriset&formid=122
※登録すると、お得な情報がメルマガで受け取れます。

読者特典

水野俊哉『今すぐ本を出しなさい』

「年収１億円」への扉を開く！
サンライズパブリッシングの「コンサル出版」

★ブランディングに成功した著者を数々輩出！★

☆ビジネス書出版をきっかけに活動を広げ、ホスト以外の収入を得られるように――歌舞伎町ナンバー１ホスト・信長さん
☆出版をきっかけに、自分の得意分野でビジネスが展開できるように――婚活コンサルタント・松尾知枝さん
☆元大手金融会社役員から作家に――横山信治さん
☆出版によるブランディング効果によって優秀な人材を発掘――経営コンサルタント・金川顕教さん

……etc

出版記念・購入者キャンペーンサイト

http://www.pubca.net/cam/booknow/

特典１
サンライズパブリッシングの「コンサル出版」の内容を詳細に解説した水野俊哉インタビュー動画を先着50名様にプレゼントいたします！

➡申し込み方法は？

①QRコードの画像を読み込んでください。登録画面へリンクします。そのまま登録フォームに入力・送信してください

※本特典は、著者が独自に提供するものであり、その内容について出版元はいっさい関知いたしません。あらかじめご了承ください。

著者プロフィール

水野俊哉（みずの・としや）

◎1973年生まれ。作家、出版プロデューサー、経営コンサルタント、富裕層専門コンサルタント。
◎ベンチャー起業家、経営コンサルタントとして数多くのベンチャー企業経営に関わりながら、世界中の成功本やビジネス書を読破。近年は富裕層の思考法やライフスタイル、成功法則を広めるべく執筆活動をしている。
◎商業出版を目指す経営者や自営業者を支援する「出版セミナー実践編」は、開講から9年が経過した現在も、受講生の約5割が大手出版社から出版決定という実績を持つ。
◎現在は自ら立ち上げた出版社2社、飲食業のオーナー業の傍ら、執筆やコンサルティング、出版プロデュース業を営んでいる。
◎国内外問わず富裕層の実態に詳しく、富裕層を相手に単にビジネスにとどまらない、個人の真に豊かな人生をみすえたコンサルティング・プロデュースには定評がある。
◎著書は、シリーズ10万部突破のベストセラーとなった『成功本50冊「勝ち抜け」案内』（光文社）の他、『「法則」のトリセツ』（徳間書店）、『お金持ちになるマネー本厳選「50冊」』（講談社）、『徹底網羅！お金儲けのトリセツ』（PHP研究所）、『幸福の商社　不幸のデパート』『「99％の人が知らない」人生を思い通りに動かす大富豪の教え』（いずれもサンライズパブリッシング）など累計40万部を突破している。

<水野俊哉ブログ>　http://d.hatena.ne.jp/toshii2008/
<オフィシャルメルマガ>　https://www.mshonin.com/form/?id=218513278
<オフィシャルサイト>　http://mizunotoshiya.com/
<サンライズパブリッシング　公式サイト>　http://sunrise-publishing.com/

今すぐ本を出しなさい
ビジネスを成長させる出版入門

発行日　2019年　2月　4日　第1版第1刷

著　者　水野　俊哉

発行者　斉藤　和邦
発行所　株式会社　秀和システム
〒104-0045
東京都中央区築地2丁目1－17　陽光築地ビル4階
Tel 03-6264-3105（販売）Fax 03-6264-3094
印刷所　日経印刷株式会社　Printed in Japan

ISBN978-4-7980-5392-9 C0034